文化自信自强丛书

怎样让文物活起来

任初轩 编

人民日报出版社
北京

图书在版编目 (CIP) 数据

怎样让文物活起来 / 任初轩编 . — 北京：人民日报出版社, 2022.12

ISBN 978-7-5115-7599-9

Ⅰ. ①怎… Ⅱ. ①任… Ⅲ. ①文物工作 – 中国 – 文集 Ⅳ. ① K87-53

中国版本图书馆 CIP 数据核字（2022）第 229724 号

书　　名：	怎样让文物活起来 ZENYANG RANG WENWU HUOQILAI
编　　者：	任初轩
出 版 人：	刘华新
策 划 人：	欧阳辉
责任编辑：	毕春月　刘思捷　万方正
装帧设计：	新成博创 XIN CHENG BO CHUANG
出版发行：	人民日报出版社
社　　址：	北京金台西路 2 号
邮政编码：	100733
发行热线：	（010）65369509　65369527　65369846　65363528
邮购热线：	（010）65369530　65363527
编辑热线：	（010）65369521
网　　址：	www.peopledailypress.com
经　　销：	新华书店
印　　刷：	大厂回族自治县彩虹印刷有限公司
法律顾问：	北京科宇律师事务所　（010）83622312
开　　本：	710 毫米 ×1000 毫米　1/16
字　　数：	172 千字
印　　张：	14.75
版次印次：	2023 年 2 月第 1 版　2023 年 2 月第 1 次印刷
书　　号：	ISBN 978-7-5115-7599-9
定　　价：	48.00 元

前　言

　　文物和文化遗产承载着中华民族的基因和血脉，是不可再生、不可替代的中华优秀文明资源。习近平总书记在党的二十大报告中强调："加大文物和文化遗产保护力度，加强城乡建设中历史文化保护传承，建好用好国家文化公园。"

　　夫源远者流长，根深者枝茂。文物承载灿烂文明，传承历史文化，维系民族精神，是老祖宗留给我们的宝贵遗产，是加强社会主义精神文明建设的深厚滋养。党员干部特别是领导干部一定要充分认识到，文物可以拓展对中国文明史的认知。新时代让文物活起来，对于认识中华文明起源和发展的历史脉络，认识中华文明取得的辉煌成就，认识中华文明对人类文明的重大贡献，意义重大而深远。

　　保护和传承好文物和文化遗产，是全社会的共同责任。党员干部特别是领导干部要带头提高文物研究阐释和展示传播水平，积极推进文物保护利用和文化遗产保护传承，深入挖掘文物和文化遗产的深厚积淀和多重价值，传播更多承载中华文化、中国精神的价值符号和文化产品，揭示蕴含其中的中华民族的文化精神、文化胸怀和文化自信，使文物保护成果更多惠及人民群众，让文物的光芒穿越历史、照进现实、点亮未来，为新时代坚持和发展中国特色社会主义提供精神支撑。

保护文物功在当代、利在千秋。党员干部特别是领导干部必须树立保护文物也是政绩的科学理念，切实加大文物保护力度，推进文物合理适度利用，让收藏在博物馆里的文物、陈列在广阔大地上的遗产、书写在古籍里的文字都活起来，丰富全社会历史文化滋养。要让文物说话、把历史智慧告诉人们，激发我们的民族自豪感和自信心。要让文物事业在传承历史文化、维系民族精神、坚定文化自信中发挥更大作用，为实现中国梦凝聚起强大的精神力量。

人民日报出版社汇编《怎样让文物活起来》一书，期待帮助党员干部特别是领导干部更好推进文物保护利用和文化遗产保护传承。由于时间仓促，汇编过程中难免挂一漏万，敬请读者指正，以期不断完善。

目 录

01 加大文物保护力度……………………………李　群／001

02 吸引更多公众走进博物馆……………………单霁翔／012

03 永久保存　永续利用…………………………樊锦诗／020

04 科技赋能　创意涌流…………………………傅才武／031

05 探索文物背后的奥秘…………………………苏伯民／039

06 文物华彩　笔端绽放…………………………朱万章／047

07 让更多人爱上博物馆…………………………余俊生／058

08 提升石窟寺保护管理和展示利用水平………李　黎／064

怎样让文物活起来

- **09** 考古成果的浓缩呈现 ·················· 王　巍／073
- **10** "让更多文物和文化遗产活起来" ·········· 金瑞国／084
- **11** 承载灿烂文明　传承中华文化 ············ 燕海鸣／093
- **12** 让传统文化资源焕发生命力、发挥新作用 ···· 王旭东／105
- **13** 让大运河文化在新时代绽放出璀璨光彩 ······ 张环宙／116
- **14** 加强文物保护　赓传文明薪火 ············ 刘玉珠／125
- **15** 传承敦煌文化　坚定文化自信 ············ 郑炳林／132
- **16** 创新展览展示，让文物"活"起来 ·········· 魏雪峰／139
- **17** 北京中轴线的历史文化和当代价值 ·········· 吕　舟／146
- **18** 擦亮北京历史文化"金名片" ·············· 陈名杰／156
- **19** 高度重视文化软实力中的博物馆力量 ········ 刘曙光／164
- **20** 博物馆如何更好传播文物价值 ············ 刘　洋／172

目 录

- ㉑ 让陈列在党史展览馆中的文物实物"活起来"…… 吴向东／181
- ㉒ 切实发挥博物馆保护和传承人类文明重要场所作用 王春法／190
- ㉓ 建设长城国家文化公园　打造中华文化重要标志… 邹统钎／202
- ㉔ 不断推进新时代文物博物馆事业高质量发展……… 顾玉才／209
- ㉕ 把新时代文博领域改革发展的重任落到实处……… 李　游／214
- ㉖ 讲好"古都文化、红色文化、京味文化、创新文化"故事
  ………………………………………………………… 韩战明／221

01

加大文物保护力度

李 群

习近平总书记在党的二十大报告中指出:"我们必须坚定历史自信、文化自信,坚持古为今用、推陈出新,把马克思主义思想精髓同中华优秀传统文化精华贯通起来、同人民群众日用而不觉的共同价值观念融通起来"。

从武夷山朱熹园调研时提出"如果没有中华五千年文明,哪里有什么中国特色?如果不是中国特色,哪有我们今天这么成功的中国特色社会主义道路?"到考察安阳殷墟时强调"中华优秀传统文化是我们党创新理论的'根',我们推进马克思主义中国化时代化的根本途径是'两个结合'"——习近平总书记的一系列重要论断,深化了我们党对坚持和发展马克思主义的规律性认识、对中华优秀传统文化地位和作用的认识,既为推动中国特色社会主义理论和实践创新拓展了路径、提供了滋养,又以时代精神进一步激活中华优秀传统文化生命力,让5000多年中华文明在赓续传承中焕发新的蓬勃生机。

文物和文化遗产承载着中华民族的基因和血脉,是不可再生、不可替代的中华优秀文明资源。把文物保护好、传承好、利用好,是坚定历史自信、传承中华文明的实际行动,是推动文化自信自强、铸就社会主义文化新辉煌的重要内容。党的二十大报告提出,"加大文物和文化遗产保护力度,加强城乡建设中历史文化保护传承,建好用好国家文化公园",并就"用好红色资源""增强中华文明传播力影响力"等作出部署。党的二十大闭幕不久,习近平总书记赴陕西延安和河南安阳考察时指出:"继续深化中华文明探源工程""通过文物发掘、研究保护工作更好地传承优秀传统文化。"习近平总书记的重要指示,突出文物资源以物证史、以物载文、以史增信、以文化人的独特优势,突出中国式现代化文物保护、文脉传承的必要性紧迫性,突出人民精神文化需求日益增长、增强实现中华民族伟大复兴的精神力量赋予文物工作的使命任务,与党的十八大以来习近平总书记关于文物工作重要论述精神一脉相承,为继往开来推进文物事业高质量发展提出了新的更高要求。

文物和文化遗产为塑造全民族历史认知提供实证,是沟通历史文脉与现实道路、连接文明认同与民族复兴之间的桥梁。文物系统要深入研究阐释,坚持运用辩证唯物主义和历史唯物主义,加强考古工作和中华文明历史研究,深化中华文明探源工程、"考古中国"重大项目,阐发中华文明的历史渊源、发展脉络、基本走向,揭示文物蕴含的中华民族文化精神、文化胸怀和文化自信，依托实物载体阐明中华文明天下为公、民为邦本、为政以德、革故鼎新、任人唯贤、天人合一、自强不息、厚德载物、讲信修睦、亲仁善邻的宇宙观、天下观、社会观、道德观，构建中华文明标识体系，建好用好国家文化公园、国家考古遗址公园，借助文物展览、文博节目、文化活动等多种形式，广泛践行社会主义核心价值观，丰富公众历史文化滋养，促进人的全面发展和社会全面进步。

坚持保护第一、加强管理、挖掘价值、有效利用、让文物活起来的新时代文物工作方针，坚持和完善党领导文物事业发展的体制机制。要牢固树立保护历史文化遗产责任重大的观念，进一步转化为适应现代化治理要求的队伍支撑、政策支持、法治保障，持续深入打击防范文物犯罪，全面构建党委领导、政府负责、部门协同、社会参与的文物工作格局。要加大文物和文化遗产系统保护力度，以确保文物安全为基本、以强化科技创新为关键，健全文物资源管理体制，统筹保护不同类型、级别的历史文化遗产，提高文物保护的系统性、科学性和可持续发展水平。要推动完善以文物资源为核心的城乡历史文化保护传承体系，在国土空间规划编制实施中落实不可移动文物空间管制措施，积极发挥文物在提升城乡建设内涵方面的独特作用，将文物保护利用有机融入现代生活，让历史文化与现代化建设交相辉映。

文物和文化遗产具有穿越时空、跨越地域、直抵人心的魅力，是满足人民美好生活需要的重要资源，是扩大中华文化国际影响力的重要名片。要让文物真正活起来，坚持社会效益优先、社会效益

怎样让文物活起来

和经济效益相统一,强化政策引导、创新技术应用、拓展交融领域,建立社会力量参与文物保护利用长效机制,提升文物领域活化利用的能效水平,让更多文物古迹、革命旧址、博物馆纪念馆、民间收藏释放出文化正能量,让文物公共服务和大众传播飞入寻常百姓家。要加快构建中国话语和中国叙事体系,扩大"云上交流"和互动参与,利用文物资源向世界讲述中国特色、中国精神、中国智慧以及全人类共同价值。同时,积极同世界各国开展文化遗产交流合作,实施流失文物追索返还、亚洲文化遗产保护、中外联合考古、濒危文化遗产保护等行动,为增进民心相通、构建人类命运共同体贡献力量。

《人民日报》2022年12月17日第8版

> **拓展阅读**

不断探索文物保护利用体制机制

高　宇　刘东建

深学笃行习近平总书记关于文物工作系列重要论述精神

习近平总书记历来高度重视文物工作，就文物保护、管理、利用等工作发表了系列重要论述，多次作出重要指示批示，为当前和今后的文物工作提供了根本遵循。

坚持党对文物工作的全面领导。办好中国的事情，关键在党。党的十八大以来，以习近平同志为核心的党中央高度重视文物工作，全面加强党对文物工作的领导，不断提升各级领导干部的文物保护意识、文物管理利用的水平和能力，充分彰显了马克思主义政党的历史文化担当。习近平总书记强调："文物保护工作依然任重道远"，"各级党委和政府要增强对历史文物的敬畏之心，树立保护文物也是政绩的科学理念"。

坚持以人民为中心开展文物工作。习近平总书记指出："保护好、传承好历史文化遗产是对历史负责、对人民负

拓展阅读

责","使文物保护成果更多惠及人民群众"。文物是老祖宗留下的"宝藏",创之于民、传之于民,也必须用之于民、惠之于民。没有文明的继承和发展,没有文化的弘扬和繁荣,就没有中国梦的实现。保护文物既是为了保护人民的共同财富、维护人民的持久利益,又是为了传承优秀历史文化、厚植家国情怀,是民心善政之举、千秋功绩之举。

坚持保护优先,正确处理文物保护与发展的关系。保护文物是功在当代、利在千秋的大事。文物具有不可再生性、稀有性甚至唯一性特点,一旦被损毁就再难复原复制,造成历史的"失忆"、文化的"断层"。习近平总书记指出:"历史文化遗产是不可再生、不可替代的宝贵资源,要始终把保护放在第一位。"他强调,全面贯彻"保护为主、抢救第一、合理利用、加强管理"的工作方针,切实加大文物保护力度,推进文物合理适度利用。历史和现实说明,只有保护好文物,才能把住"根"、留住"魂",才能实现经济社会更持久、更全面的发展。

坚持深化文物工作改革。文物工作必须久久为功、一张蓝图绘到底,始终抱定功成不必在我、功成必定有我的信念,加强顶层设计,不断推动制度化、法治化进程。习近平总书记强调,"建立健全历史文化遗产资源资产管理制度",

> **拓展阅读**

"健全不可移动文物保护机制","努力走出一条符合国情的文物保护利用之路"。党的十八大以来,全国人民代表大会常务委员会三次修订《中华人民共和国文物保护法》;2018年10月,《关于加强文物保护利用改革的若干意见》印发,这是新中国成立以来第一份专门针对文物保护利用改革并以中办、国办名义印发的中央政策文件;将深入实施中华优秀传统文化传承发展工程、实施中华文明探源和考古中国工程、健全非物质文化遗产保护传承体系等列入"十四五"规划等。这些为新时代的文物工作提供了明确的方向指引、翔实的法律制度依据以及有力的政策保障。

守护文物"金山银山" 集聚文化绵延动力

文物往往是"灰头土脸"的,在经过及时保护、合理开发后能重见天日、焕发新生,成为"金山银山",为文化发展和文明建设汇聚不竭动力。

文物保护汇集民族凝聚力。文物集中凝结着先人的聪明才智和辛勤劳动,彰显着民族的历史底蕴和宝贵精神,是承载记忆的"活化石"、学习历史的"活教材"。我国是文明古国、文物大国,有着值得每个中国人骄傲自豪的文明史,这是加强民族认同、凝聚民心民意、增强民族自信的宝贵财

拓展阅读

富。讲好中国文明故事、持续提升全民文物保护意识和认识水平，能够从根本上培基固本，进而强化文化自觉、增进文化自信。

文物保护激发人民创造力。"以古人之规矩，开自己之生面。"习近平总书记强调："要坚持古为今用、以古鉴今，坚持有鉴别的对待、有扬弃的继承，而不能搞厚古薄今、以古非今，努力实现传统文化的创造性转化、创新性发展，使之与现实文化相融相通，共同服务以文化人的时代任务。"中华民族五千多年的文明史，镌刻了无数劳动人民的聪明才智和辛勤创造，这是激发我们不断向前、更好地创新创造的源泉动力。

文物保护提升产业带动力。文物不光"全身是宝"，还能带动旅游、鉴定、修复、新材料等行业产业的集群发展，是一件"利当代也利千秋"的大事。文物保护既推动着文化软实力的发展，也能转化为经济发展的硬实力。此外，还有文物本身价值的增长、对其他产业的撬动以及给城市形象和地区带来的无形影响力等。

文物保护扩增对外交流力。文物是对外交流的"金色名片"。习近平主席在联合国教科文组织总部介绍陕西法门寺出土的琉璃器，为在法国展出的"汉风——中国汉代文物

> **拓展阅读**

展"题写序言,在亚洲文明对话大会开幕式上倡议开展"亚洲文化遗产保护行动"……充分展示了中华文化的独特魅力,为各国文明交流互鉴提出了"中国方案"。截至2021年7月,我国已成功申报世界遗产55项,世界遗产总数、自然遗产和双遗产数量均居世界第一。文物正成为跨国度、跨地区、跨文明交流的"主角",承载文明精髓,提升国家形象,增进不同文明和地区的交流沟通及相互理解。

创新文物保护利用工作机制

党的十八大以来,《关于进一步加强文物工作的指导意见》《关于实施中华优秀传统文化传承发展工程的意见》《关于进一步加强文物安全工作的实施意见》等一系列关于文物工作的指导意见和政策先后出台。各省市结合自身文物资源禀赋和实际情况,围绕建立文物保护的长效机制、让文物活起来、加强机构队伍建设、动员社会力量等方面进行创新探索,纷纷出台相关实施意见及具体措施,共同构建了全国文物工作的新格局。

在文物安全管理方面,浙江、江苏、山东等地利用"互联网+监管"实施在线监控,陕西、辽宁、浙江等地探索利用无人机进行安全巡查。在让文物活起来方面,北京、甘

> **拓展阅读**

肃、福建、山东等地纷纷运用虚拟现实、人工智能、3D打印、5G等技术，推出"绘真·妙笔千山""数字敦煌""畅游遗址""数字文物展品库"等数字项目。在鼓励社会力量参与文物保护方面，山西省于2017年4月启动了"文明守望工程"，出台了我国首个省级政府的社会力量参与文物保护的方案及相关配套措施，下出了文物认领认养的"先手棋"，探索了"政府主导、社会参与、成果共享"的文物保护新机制。

打通"主动脉"，让文物工作"动起来"。习近平总书记强调，"各级党委和政府要牢固树立保护历史文化遗产责任重大的观念"。做好文物工作首先要牵好"牛鼻子"，充分发挥政府主导作用。山西省先后出台《山西省动员社会力量参与文物保护利用"文明守望工程"实施方案》《关于加强文物建筑认养管理工作的意见》等政策和保障措施，把政府和社会力量"拧成一股绳"，破解了文物保护的队伍、资金、动力不足等问题，畅通了全社会参与的主渠道。

盘活"微循环"，让文物认养"热起来"。山西省严把认养审核关，遴选优秀申请者并签订协议，在不改变文物所有权的前提下，给予认领认养者一定年限的使用权、经营权，使很多有志于文物保护事业、资金实力较强、社会信誉高的企业家纷纷加入认养行列；鼓励城乡居（村）民参与文物的

拓展阅读

日常养护、看护巡查等工作，引导全社会形成爱文物、护文物的良好氛围。

激发"内生力"，让文物学习"火起来"。认养文物实质上就是引导全社会认养共同的记忆、守护共同的瑰宝、把握共同的根脉、延续共同的文化。认养文物的过程就是学习该文物"是什么、从哪里来"的过程，也是思考"怎么传、传什么"问题的过程，能够充分调动群众特别是青少年学习历史文化的积极性，汇聚民众维护保养、管理利用文物的智慧和方案，实现增强文化自信、厚植民族情感、激发创造热情的统一。

奏响"交响乐"，让文物事业"强起来"。文物是共同的财富，保护文物不能单纯依赖政府、企业、志愿者等力量，应提升全民的文物保护意识。"文明守望工程"实施以来，山西省在文物认养、出资修缮和吸引社会资金方面都已取得喜人成绩。在新发展阶段，山西省应始终以习近平总书记关于文物工作系列重要论述精神为指导，在文物的传下去、活起来、走出去等方面"动脑筋"，继续发挥政府主导作用，吸引更多力量共同做好文物保护利用工作，为推动文化强省、文化强国建设增添动力。

02

吸引更多公众走进博物馆

单霁翔

自 5 月 18 日国际博物馆日设立以来,每年国际博物馆协会都会在这一天举办庆祝活动,旨在使社会公众认识到"博物馆是促进文化交流,丰富文化生活,增进人们之间相互理解、合作,实现和平的重要机构"。当前,越来越多的博物馆正参与到这一活动中,仅 2017 年,全球共有 157 个国家和地区逾 3.6 万座博物馆参与了国际博物馆日庆祝活动。

每年国际博物馆日会确定一个主题,反映出当代博物馆职能与社会发展的各个领域有着越来越广泛的关联。例如,1992 年的"博物馆与环境",2002 年的"博物馆与全球化",2006 年的"博物馆与青少年",2016 年的"博物馆与文化景观"等。

如今,博物馆早已成为经济、政治、文化、社会、生态环境体系中无法分离的重要组成部分。2018年国际博物馆日的主题为"超级连接的博物馆：新方法、新公众"。这一主题的含义就是让博物馆成为连接公众与多元文化的纽带，用创新的方式方法，吸引更多公众走进博物馆，获得深刻新鲜的文化体验，共享丰富的文化成果。

故宫博物院是中国文化遗产的守护者与传承者，也是中国文化对外交往的一张亮丽名片。故宫博物院收藏的186万余件文物藏品是中华5000多年文明的重要载体和见证。近年来，故宫博物院展览精彩纷呈、高潮迭起、内外合作、惠及全国、影响世界，不仅在学界具有影响力，在观众中也形成观展热潮。例如，2015年的"石渠宝笈特展"吸引众多观众参观，成为现象级的传统文化展览。此后又有多个展览引发观展热潮，成为公众热议的文化现象。故宫文化资源走进了人们的现实生活，"让文物活起来"。

对于博物馆来说，让文物活起来，需要做到两个面向：一是面向自身，不断深入挖掘文物藏品的文化内涵，让文化遗产资源在更大程度上满足人们的精神需求；二是面向公众，创新文化传播的表现形式和表达方式，让文物的故事以公众喜闻乐见的形式，深入人心，走进甚至融入百姓文化生活。

自2006年开始，故宫博物院利用中小学生放假期间举办的"故宫知识课堂"活动，以充实的内容、丰富的形式、活跃的氛围，深受学生和家长们欢迎。上万名学生走进故宫博物院，走进"故宫知识课堂"，在这里身临其境地感受中国传统文化。例如，根据故宫古建筑和藏品研发的"仰望太和殿，一起看斗拱""屋檐下的缤纷彩画""机巧连环探榫卯""布艺堆绣，巧仿瓷瓶""朝珠DIY""皇帝的新衣"等，根据展览研发的"霓裳彩绘""击扫黑白，传拓万千""中印佛教雕塑展教师工作坊"活动等，将知识讲述、现场互动、动手制作相结合，深受青少年和家长的好评。

故宫博物院还充分整合现有的教育资源，于2016年底成立故宫教育中心，开展针对不同年龄观众的教育和研修活动。尤其常年面向中小学生及家庭观众提供各类具有故宫特色、内容丰富、形式多样的专题教育项目，在公众教育服务中，既保有自己的特色和品牌，也更加关注文化与人文情怀，更加全面、立体地发挥了博物馆的社会教育功能。

随着科技的发展，如今的博物馆吸引了越来越多核心观众以外的群体，通过新的藏品阐释手段找到新的观众。例如，博物馆将藏品数字化，为展览增添多媒体元素，让公众在社交媒体上分享体验。故宫博物院正顺应了"互联网+"的发展趋势，将数字技术作为文化发展的重要引擎，借助互联网和新技术平台，把故宫广博的文化资源分享给社会公众。

2017年国际博物馆日活动中，故宫博物院发布第九款应用"故宫社区"，首次提出社区化概念，这是新媒体互动性产品的又一次有益尝试。经过努力，故宫博物院已建成"数字故宫社区"。其中"数字故宫"在线项目，包括全景故宫、故宫出品系列APP，以及数字展厅里分享的古建筑修缮、藏品保护、科学研究、文化传播等各个方面最新进展和最新成果。而数字博物馆更是将智慧旅游与文物展示相结合，为广大观众呈现出一个更丰富、多元、精彩的"数字故宫"。

2016年，在第四届文化遗产保护与数字化国际论坛上，"故宫出品系列 APP+V 故宫"荣获首届数字遗产最佳实践案例大赛最高奖——最佳实践奖。实践证明，博物馆的文化传播，只要认真研究网络受众的心理特征和兴趣特点，找到灵活多样的传播方式，就可以把"阳春白雪"的内容变得"喜闻乐见"。

此外，为了吸引新的观众并增强彼此的联系，博物馆必须开创文物藏品阐释与展示的新方式。文化创意产品所具有的实用性和体验性，其介入生活的特征，是其他教育传播手段难以达到的。针对重点展览研发相应的随展文化创意产品，使每一项陈列展览"立体化"，让社会影响最大化、观众体验最优化。

故宫博物院提出"把故宫文化带回家"，就是希望通过文化创意产品进一步延伸博物馆文化的影响力，故宫文化创意努力将传统文化基因与当代生活潮流融合，与现代人共同分享传统文化的灵感、情感与韵味。

2015年9月，展示故宫文化创意产品的故宫文化体验馆整体开放，包括丝绸、服饰、瓷器、影像、木器、陶器、生活馆，以及故宫"紫禁书院"，作为故宫博物院最后一个展厅，让文化创意产品以及新型的文化空间，能够成为古老的宫殿、文物藏品和当代生活的一个过渡和链接，发挥故宫文化创意的教育传播和体验功能。

故宫博物院拥有深厚的学术研究基础和强大的科学研究力量，也注重将学术成果"反哺"文化创意产品的研发。要求每一件文化创意产品都重视"无一物无来历"，其"来历"就是基于故宫博物院通过10年时间完成的文物藏品清理。这样的学术研究成果，保证了故宫文化创意所承载和传播文化的正确性和前瞻性，真正地体现出故宫文化，以及中国传统文化的醇厚韵味。

例如，故宫出版社出版的图书，无论是《故宫日历》《紫禁城100》等畅销型图书，还是"故宫博物院藏品大系"等图书工程，都是在文物藏品清理工作的基础上得以诞生的，让故宫文化带着厚度、温度跃然纸上。

如今，在超级互联的世界里，社会交流沟通变得日渐复杂、多元和融合，博物馆也必然融入这一潮流。博物馆是连通社会生活、文化景观和自然环境的纽带。为了充分发挥这种连通作用，不断吸引新的观众并增强彼此的联系，博物馆必须开创文物藏品阐释与展示的新方法。这种创造性转化和创新性发展，不仅是新科技、新媒体的探索与实践，还包括理念的变革与创新。因此，2018年国际博物馆日的主题对于快速发展的中国博物馆事业来说，也可谓正当其时。

事实上，一座博物馆要想向普通观众，尤其是年轻人打开尘封的历史，解读经典的文化，就需要用生动的、喜闻乐见的"新方法"来加以表达，采取新颖的形式、生动的语言、丰富的内涵，传递出社会"正能量"，这些方法恰恰是讲好文物藏品故事的重要元素。

长期以来，我们只把走进博物馆的人们视为观众，而今天"超级连接的博物馆"，通过互联网技术、数字技术，可以使更多没有机会走进博物馆的人们，也成为博物馆的忠实"新公众"，享受博物馆文化。如此，我们博物馆的服务对象将从"千万观众"，扩大为"亿万观众"。

《人民日报》2018年5月20日第7版

拓展阅读

珍视"博物馆热"背后的文化寻根需求

章 成

当前,一票难求、门庭若市逐渐成为博物馆的日常,各类衍生文创产品亦备受热捧。近年来,文博游已然成为潮流时尚,饱览文物真迹、享受文化盛宴,博物馆正在被越来越多的人列为出游计划中的必选项。

博物馆"打卡热"的兴起,离不开大众对博物馆历史文化价值的发现和认同。一方面,《国家宝藏》《只此青绿》等以文博元素为特色的文化产品脱颖而出,创造契机让人们重新审视历史与文物的价值。另一方面,当今考古发现与学术研究也在"反哺"社会,让历史与现实产生互动。例如,海昏侯国遗址发掘、三星堆遗址发掘、《夏商周断代工程报告》发布等考古成果,不仅追溯了中华文明的起源,更为大众解答了尘封数千年的历史疑团,极大激发了人们对于文化溯源的兴趣。在大众眼中,文物不再是古董,而是历史的浓缩、文化的结晶。这种大众认知的转变与推进,促使博物馆游览持续升温。

> **拓展阅读**

除此之外,博物馆自身也在积极探索转型,以满足人们不断增长的文化需求、迎合文化消费升级新趋势。近年来,以南海一号博物馆(广东海上丝绸之路博物馆)、秦始皇帝陵博物院、安阳市殷墟博物馆、南昌汉代海昏侯国遗址博物馆等为代表的考古遗址博物馆,在旅游网站推荐榜单中排名渐次上升。这一新动态折射了文化消费的深化与转型。人们已不再单纯满足于简单的、传统的博物馆参观,而是产生了深入历史场景、触及历史语境的"沉浸式"体验需求。需求的增长与移动互联网、大数据、虚拟现实等现代信息技术的进步,共同为博物馆提高展览质量、创新呈现方式、转变运营思路提供了契机与动力,推动各地博物馆在教育、公益、演艺、展览等多个领域统筹整合,以全新的方式更好满足人们的文化好奇心。

从社会学层面来看,大众热衷博物馆游,或可解读为一种群体意识下自发的文化"寻根"实践。社会学家费孝通在关于文化自觉理论的相关阐述中指出,文化自觉建立在对"根"的找寻与继承上。寻根问祖,是中华民族传统文化的组成部分,同时也是当今社会群体意识的重要基础。博物馆所藏文物文献,记录了中华民族在各个历史时期的政治、经济、文化面貌,将中华文化的历史长河直观地展示在观众面

> **拓展阅读**
>
> 前。面对这条历史长河,参观者既可探源溯流,又可展望未来。通过游览博物馆的社会活动,大众的文化归属心理得以满足,春露秋霜的情怀得以安放,民族文化自信得以增强。博物馆文创产品,则是对大众文化自觉"寻根"探索延伸需求的回应与满足。博物馆以其自身具有的普遍性、直观性、趣味性,正当其时地成为人们文化"寻根"的圆梦之所。
>
> 　　作为公共文化服务体系的重要组成部分,在持续的社会高度关注下,博物馆应进一步挖掘其文化载体功能。"文博热"固然可喜,但博物馆建设与发展也应警惕被"流量"带着跑。由此,通俗而不媚俗,维护好自身的严肃性与科学性,守住学术专业性这条生命线更为重要和必要。

03

永久保存　永续利用

——做好新时代敦煌文化的"继承者、创新者、传播者"

樊锦诗

敦煌，是人类历史上不同文化的交汇之地；敦煌石窟艺术，1600多年来绵延至今，体现着中华文化兼收并蓄的气度与胸怀。1961年，莫高窟被国务院公布为第一批全国重点文物保护单位；1987年，莫高窟被列入世界非物质文化遗产，成为我国首批世界文化遗产之一。迄今为止，国际上同时符合世界文化遗产六项标准的遗产地只有三处，敦煌莫高窟是其中之一。

面对这样的敦煌，守护好、研究好、发展好、弘扬好，是我们的使命。2019年8月19日，习近平总书记到敦煌莫高窟视察，肯定敦煌研究院 75 年来所做的工作，为敦煌研究院未来发展指明了方向。

立足未来，回望几代敦煌人走过的路，应当继续做好敦煌的科学保护和敦煌文化的创造性转化、创新性发展，让人类共有的这一文化瑰宝得以永久保存、永续利用。

文化遗产价值的传播与利用，当以做好抢救性保护和预防性保护为前提

1000 多年来，敦煌经历了辉煌，也经历了近 500 年无人看管维护的荒凉。敦煌研究院第一任院长常书鸿先生刚到敦煌时，眼前一片破败。70 多年来，常书鸿先生、段文杰先生，以及几代莫高窟人薪火相续，使得以留存至今的石窟、彩塑和壁画，逐步得到修复和保护，敦煌昔日的容颜逐渐清晰起来。

经过数十年的抢救性修复保护，我们发现，过去一些修复过的壁画又重新产生了病害。壁画由泥土、矿物颜料、动植物胶制作而成，受风沙侵蚀、地质灾害、洞窟小环境温湿度波动等因素的长期影响，容易产生酥碱、空鼓、起甲等壁画病害，无声无息地侵蚀着这座文化宝库。如果莫高窟被破坏，将无法替代，不可再生。

我们开始对壁画制作材料、病害机理以及保护修复材料和工艺进行深入研究，揭示了环境对壁画造成破坏的规律和原因，对壁画病害的产生机理也有了较为深入的认识，逐步走向针对不同壁画病害采用不同修复材料和工艺的科学系统的修复保护。经过长期不断的研究探索，已经形成一整套壁画保护的技术和规范，使石窟壁画的修复从过去的抢救性保护，转化到形成科学保护体系，使莫高窟许多洞窟的病害壁画得到科学的修复保护，延缓病害产生的速率，同时也推动国内壁画保护科学技术的进步。

当大量壁画得到科学保护之后，我们又向预防性保护过渡，进一步建立起防止环境对壁画本体造成损害的预防性保护体系。规范的预防性保护是现代世界文物保护的发展方向。

不过，各种自然因素破坏和游客参观仍是壁画长期保存的风险因素。为延缓壁画衰变的过程、预防各种病害发生，我们开展了以"莫高窟游客承载量研究"项目为代表的预防性保护研究。研究结果表明，壁画所处环境的温度、相对湿度和二氧化碳阈值，只要处在安全范围内，就会大大降低壁画毁坏衰变的速度。

为此，敦煌研究院在国内文博界率先开展合作，采用物联网技术，建立石窟预警监测体系，采用各种监测设备，对窟外环境温湿度、降雨量、岩体裂隙、沙尘、洪水、地震等进行监测，实时获取危害岩体和洞窟壁画安全的风险因素的变化数据，并采取必要措施预防文物本体灾害的发生。在所有开放参观洞窟安装温湿度和二氧化碳传感器，实时监测洞窟内温湿度和二氧化碳的变化。建立敦煌研究院监测中心，整整一面墙，24个屏幕可切换展示每个开放洞窟的环境变化数据。洞窟相对湿度或二氧化碳一旦超标，监测系统会自动报警，并通过管理措施使开放洞窟暂停开放，得到"暂时"休息。如遇极端气候，也有停止开放等相应的管理措施。

我始终坚持文化遗产需在保护好的前提下合理利用，在开放利用中加强保护。《中华人民共和国文物保护法》制定的"保护为主、抢救第一、合理利用、加强管理"文物保护方针，已明确规定文化遗产保护与利用的辩证关系。

只有做好文物保护，将其贯穿于开发与利用的全过程，方能形成保护与发展的良性循环，保证文物的可持续利用。

"数字敦煌"，摸索出"互联网+中华文明"的创新之路

20世纪七八十年代，在给敦煌石窟建立科学记录档案的过程中，我深深意识到莫高窟洞窟及其壁画退化、病变的严重性。我们试图用胶片拍照和录像的方式，为后人"留下"莫高窟，但是这两种方式不仅精准度和精细度不够，而且胶片放久了会褪色，胶片所拍的照片和录像均无法永久保存。

20世纪80年代末，我到北京出差。一位专家知道我在关注科技保护，带我去看电脑。从那时起我知道了，只要壁画能变成数字图像，就可以永久保存。经过不断琢磨，一个大胆的构想渐渐清晰起来：我们要为敦煌石窟的每一个洞窟及其壁画和彩塑建立数字档案。

我认为，只有把敦煌石窟所有文物的信息数字化，才能切实地让敦煌石窟信息永久保存，才能真正地让后代永续利用。数字敦煌包含两个方向的探索：一是数字化的敦煌壁画信息库建设，真实反映壁画当前状态，真实保存壁画信息，同时将分散在世界各地的敦煌文献、研究成果以及相关资料汇集成电子档案；一是将洞窟、壁画、彩塑以及与敦煌相关的一切文物加工成高级智能数字图像。

20世纪90年代初，敦煌研究院开始了壁画数字化试验。最初效果并不理想。但我们坚信数字技术是唯一能完整记录并永久保存壁画信息的技术手段。因此，我们全力以赴，并且和多家高校展开

合作，在探索和实践中攻克各种难题。直到 90 年代末，我们初步探索出了基于轨道平行拍摄的壁画数字化方法和 VR 虚拟漫游整窟采集方法。目前，我们已探索出彩塑、洞窟和大遗址的三维重建方法。

文物保护一定要靠科技。在各合作单位的共同努力下，敦煌研究院已完成 200 余个洞窟的图像采集、100 余个洞窟的图像处理，原本在自然光中看不清楚的细节、被建筑遮挡的壁画，都得以清晰地呈现出来。此外，我们完成 200 余个洞窟的 VR 节目制作，全景式 360 度拍摄；完成莫高窟、榆林窟两处大遗址外景三维重建；完成 4.5 万张底片数字化；等等。所有数据都按规范建立数据档案，不仅推动敦煌保护迈上一个历史性台阶，也推动敦煌学的国际交流，为中国人自己的敦煌学研究助一臂之力。

数字化技术不断成熟，不仅推动敦煌石窟数字化进程，还可以有效平衡文物保护和利用的关系，推动公众共享文化遗产保护成果。大量游客进入狭小的洞窟，会加剧洞窟微环境的劣化，不利于石窟保护。借助先进技术，我们创作了 4K 超高清宽银幕主题电影《千年莫高》和全球第一部展现文化遗产的 8K 高分辨率球幕电影《梦幻佛宫》。参观者可以通过观看这两部数字电影"洞外看窟"，了解石窟历史文化背景、欣赏精美的敦煌艺术。

"实现敦煌文化艺术资源在全球范围内的数字化共享。"这是习近平总书记对敦煌的鼓励和期许。"数字敦煌"使文物"活起来"，从洞窟中走到无法来到敦煌的大众身边，走到世界不同国家和地区，实现敦煌文化艺术的全球共享。"数字敦煌"展览中，观众可以戴 VR 眼镜展开洞窟虚拟漫游；1∶1 实景洞窟三维模型的构建，将远在

永久保存　永续利用

大漠中的千年瑰宝展现在世人面前；"数字敦煌"上线，全球网民只要轻叩鼠标，就可以进入"数字敦煌"资源库，欣赏敦煌动画，高速浏览超高清分辨率图像，并对30个洞窟展开720度全景漫游。

用多好的技术保护和发展文化遗产都不为过。保护和发展文化遗产事业，必须与时代同行、与科技发展相融合。数字技术的发展是数字化、信息化、智能化、智慧化逐步完善和升级的过程。我们应以智慧化为发展方向，站在时代的高度，紧跟科技发展步伐，不断开拓创新。

在倡导"创造性转化、创新性发展"的新时代，面对祖先留下的文化遗产，如何永久保存、永续利用，是时代交付给我们的使命。经过几代敦煌人的摸索与付出，敦煌研究院在这一方面初步积累了适合敦煌、适合我国国情的探索经验。

敦煌只有一个，和敦煌一样，被列入世界文化遗产的文化遗址，在中国大地上还有许多；和敦煌一样，不可永生、不可再生的历史文化遗存，在中国大地上还有更多——我们以百年大计、千年大计来保护莫高窟，我们也要以同样的历史眼光来保护其他文物古迹；切不可只图眼前利益，而牺牲古老的文化遗存及其赋存环境的真实性和完整性。敦煌保护传承与创新发展之路，或将对大家有所助益。

期待一代代中华儿女不仅可以将中国大地上宝贵的文化遗存完好地交付给后代子孙，还可以为文化遗存的合理适度发展做出自己这一代的创造性贡献。

《人民日报》2020年8月11日第20版

拓展阅读

文物保护法律应更体系化精细化

竺 效

现行《中华人民共和国文物保护法》于 1982 年 11 月颁布实施，先后经历了 5 次修正和 1 次修订，最近一次是 2017 年的修正。2020 年 11 月，面对文物事业发展新形势新任务，国家文物局发布《中华人民共和国文物保护法（修订草案）》（征求意见稿）（以下简称"征求意见稿"），引发社会关注。从人文环境保护视角出发，我们通常更多关注不可移动文物，尤其是建筑，征求建议稿对于不可移动文物加强了保护。

现行《中华人民共和国文物保护法》隐含了一种思路，如果要保护一个不可移动文物，就应当把它确定为文物保护单位。那么在普查当中发现的大部分文物，应当叫什么？这涉及尚未公布为文物保护单位的不可移动文物登记保护制度。征求意见稿建议新增的第 17 至 19 条结合在一起，就是一个相对系统完整的不可移动文物认定制度，明确了未核定为文物保护单位的不可移动文物的登记备案程序和保护措

> **拓展阅读**
>
> 施。例如，征求意见稿第19条第二款建议规定："未核定为文物保护单位的不可移动文物，由县级人民政府文物主管部门作出标志说明，建立记录档案，明确管理责任人。县级人民政府文物主管部门可以鼓励、指导基层群众性自治组织，巡查看护未核定为文物保护单位的不可移动文物。"
>
> 我们时不时会听到，在生产建设过程当中发现古墓葬，对此如果不加规制就容易造成文物破坏。但现行《中华人民共和国文物保护法》第31条规定，凡因进行基本建设和生产建设需要的考古调查、勘探、发掘，所需费用由建设单位列入建设工程预算。这条规定与该法第32条结合后恐出现一种解读，如果在生产建设过程中发现了文物，必须马上停止生产建设活动，报告文物行政部门，由该部门在法定期限内提出处理意见，如果决定开展抢救性考古挖掘的，费用就由建设单位来承担。这一理解固然有几分"戏说"，但该法条确实难以有效引导建设单位积极履行文物保护义务。而此次征求意见稿拟将现行法规定修改为："将所需费用列入相应的政府预算"。
>
> 我们经常说，文物执法是文物保护的重要屏障。征求意见稿新增第七章"监督检查"，其意义不言而喻，但需要注意文物行政与文物执法体制的科学理顺和高效融合。依据

> **拓展阅读**

《深化党和国家机构改革方案》关于"整合组建文化市场综合执法队伍""统一行使文化、文物、出版、广播电视、电影、旅游市场行政执法职责"的要求，文化市场综合执法队伍统一行使文物市场领域的行政执法职责，由相关文化和旅游行政部门负责管理；文物行政部门在职责范围内指导、监督文化市场综合执法队伍开展执法工作。但是，以往实践中，文物部门和文化部门执法其实相对较为独立，文物执法对专业性有较高要求。例如，擅自修缮不可移动文物、明显改变文物原状、严重影响文物保护单位历史风貌等的判断和行政处罚取证都较大程度上依赖于执法者的专业技能。而当前，文化市场综合执法队伍中多数执法者受其之前从事的业务领域所限，恐怕短期内难以有充足的专业能力和专业技能，何况执法人力本来就不足。因此，需要尽快在依法明确文物行政执法责任及职责分工、加强文物行政执法协同机制、强化文物行政执法能力等方面做好改革及其立法保障的文章。

在完善文物的司法保护机制方面，征求意见稿增加了关于文物公益诉讼的规定，"国家鼓励通过公益诉讼制止破坏文物的行为。对于破坏文物致使社会公共利益受到损害的行为，县级以上人民政府文物主管部门、依法设立的以文物保

> **拓展阅读**

护为宗旨的社会组织，可以依法向人民法院提起诉讼"。笔者建议诉讼主体增加检察机关。

现行《中华人民共和国行政诉讼法》和《最高人民法院、最高人民检察院关于检察公益诉讼案件适用法律若干问题的解释》，明确了检察机关的公益诉讼职能，但未能明确检察公益诉讼可适用于文物保护。事实上，文物保护所指向的利益涉及广义人文"环境"的公共利益和国有财产所承载的国家利益、公共利益。

2019年，江西省赣州市龙南县检察院通过将文物违法行为认定为检察机关法定可以提起公益诉讼的"生态环境和资源保护、食品药品安全、国有财产保护、国有土地使用权出让"四大领域"等外"的侵犯公共利益之行为，适用行政公益诉讼诉前程序，向龙南县文化广电新闻出版旅游局提出检察建议，要求该部门对排查发现的赣南客家围屋年久失修、日常管理不善、安全保障设施不到位等造成重大安全隐患的情形，依法履行保护监管职责，并责令限期改正、恢复原状，依法追究相关责任人相应法律责任。该探索性的文物检察行政公益诉讼起到了较好的社会效果，及时督促了相关部门履行文物保护职责。

将人文环境纳入"环境"概念范围已有较广泛的比较法

> **拓展阅读**

经验。但需注意,前述龙南县案中涉案文物同时也属国有财产。针对国有财产的保护,《中华人民共和国物权法》和《中华人民共和国民法典》均要求,履行国有财产管理、监督职责的机构及其工作人员,应当依法加强对国有财产的管理、监督,促进国有财产保值增值,防止国有财产损失。所以,因人为破坏导致文物遗迹价值的减损,属于造成国有财产价值的减损,可能造成国家利益的损害后果。如果这些是由于相关职能部门没有正确履行职责所导致的,检察机关可针对因文物损害造成的国有财产损失而提起公益诉讼。这项职能应通过立法予以规定,以更好地发挥司法机关的法律监督职能。

04

科技赋能　创意涌流

傅才武

科学技术发展不断孕育新的媒介、催生新的手段，推动文化艺术形式变革和业态更迭，通过塑造人类的知识体系、思维方式，促进文化的传承创新和繁荣发展。在信息技术变革持续深化的今天，探索科技与文化融合规律，掌握文化创造创新主动权，尤为重要。

文化与科技融合发展推动社会文明进步

科技的阶梯形演进，创造了中华文化丰富多彩的形态。从农耕时代、工业时代到信息时代，伴随从身体表演技术（传统戏曲等）、印刷技术、电子技术到数字信息技术的演进，演艺、印刷出版、广播电影电视和互联网等各种各样的文化形态陆续出现。印刷机、留声机、摄像机、电视信号发射台和电脑、互联网等技术发明，使书籍、绘画、唱片、电影、电视和动漫、网络游戏等艺术形式散布于社会生活的各个角落。当前，社会信息化支撑着文化艺术的创造、传播和接受，建构着人类社会新的文化生活方式。

互联网和数字技术大规模应用于文化领域，增强了文化艺术的表现力和影响力。公共文化资源数字化转换、网络技术大范围应用，为文化生产与文艺创作注入现代元素。以"创意+科技"为特征的动漫、游戏等为文化提供了新的表现形式与传播渠道。移动互联网和云计算等技术的广泛应用，大大增强了既有文化形态，如演艺、出版、休闲娱乐、文博等的表现力和覆盖面。数字影像、精准推送、数字三维虚拟展示等技术在文化产品和文化场景中的应用，极大增强了文化体验效果，增强了文化行业的活力。

优秀传统文化借助新的技术平台、手段融入当代生活，文化血脉得以延续。社会越发展，人们越敬惜民族的历史记忆和文化传统。近年来，我国开展150处大遗址保护工程，设立23个国家级文化生态保护区，探索建立数字虚拟展览平台，在不破坏文化遗产原真性的前提下，为社会提供沉浸式展览、文旅产品创意设计等服务。困扰文化遗产领域的"保护与开发"的矛盾，借助数字技术手段得到了有效解决。优秀传统文化与当代日常生活的"数字鸿沟"得以弥合，在数字世界获得延续和再创造空间，为其发挥长久影响打下基础。文化遗产保护方式的创新，正是新技术进入文化领域并与文化发展需求密切结合的结果。

文化与科技融合发展促进了社会文明进步。人类科技创新勃发的历史，一直伴随着文化的引领。近现代全球科技进步，与社会文化领域的创造创新密不可分。科学技术为文化发展提供物质和工具支持，文化为科技发展提供社会氛围。进入信息化社会以来，文化与科技互通互融对社会文明发展的推动作用越来越显著。

发挥文化科技对文化传承创新的驱动作用

近些年，数字信息技术的突破性发展，带给文化传承创新以重要机遇。在漫长的农业社会中，文化艺术形式总体特征稳定。工业社会催生广播电影电视等新的艺术媒介，声光电技术令文化艺术面貌一新。今天，具有平台通用功能和深度学习、自我进化功能的数字技术进入文化领域，改变了传统文化艺术形式的发展轨道。目前，人工智能技术业已进入人类情感这一最后"自留地"，出现了AI主播、机器写诗、机器书法绘画等"情感计算"。相比于漫长的人类文化演进史，这一质变过程可能会在较短时间内完成，极大压缩文化形态演进的时间，文化传承创新将面临前所未有的新局势。这就要求我们主动作为，大力提升文化科技融合创新对文化发展的支撑作用。

加强文化领域关键技术、共性技术的研发应用，为文化和价值观表达提供新的有力手段。文化的表现力、传播力、感染力，取决于文化的价值内核，也取决于文化的存在形态和表现形式。先进科技通过对文化形态和形式的"升维"，赋予文化以强大魅力，显著增强文化软实力。当今信息化时代，科技对于文化传承创新的作用日益凸显。要形成具有强大号召力的文化内容，必须发展先进文化科技，在装备、软件、技术标准和数字化传播渠道等方面加大研发力度，全面提升演艺、出版、印刷、影视、会展、休闲娱乐等文化产品创作能力和表现力、传播力、感染力，为增强文化软实力提供坚实基础。

规划好、建设好数字文化资源库，进一步推动文化资源共用共享。数字和网络技术是实现文化均衡发展和普惠普及的重要手段，数字文化资源共享对于公共文化服务、文化产业发展具有基础性作用。2020年，《关于做好国家文化大数据体系建设工作的通知》下发，国家文化大数据体系建设旨在打通文化事业和文化产业、畅通文化生产和文化消费、融通文化和科技、贯通文化门类和业态，面向全社会开放。文化大数据体系建设将推动中华文化元素和标识融入内容创作、创意设计、城乡规划建设等，成为在新技术条件下推动创造性转化、创新性发展的重要举措。

用好文化大数据，提升文化艺术创作生产效能。大数据是各领域实现发展的重要资源。在文化艺术加速数字化的过程中，我们要有意识地实现文化生产、传播、接受等全链条的大数据采集。通过大数据挖掘分析，可以实现文化服务、文化产品有效评估评价，为改进文化产品、文化服务提供重要参考。大数据之外，还要在5G、物联网、区块链、人工智能等信息技术支持下，不断推出新产品、新模式、新服务，推动文化生产供给侧改革，增加优质文化产品供给。

进一步强化文化科技创新对文化产业发展的带动作用。在市场经济条件下，文化产业是把文化资源转化为文化产品的有效途径。要以数字信息技术贯通整个产业链，培育新兴数字文化业态，培育一批特色鲜明、创新能力强的文化企业。聚焦文化演艺、影视动漫、新闻出版、文化旅游、网络文艺、创意设计等文化产业领域，有针对性地开发文化产品创意、生产、传播、运营、展示、消费等各个环节的关键技术和集成应用技术，助推中华文化通过产业方式和市场渠道走向世界。

放眼当今世界，文化与科技的深度融合正在重构世界文化版图。从移动互联网的广泛运用，大数据和人工智能的强势进入，到文旅云平台的搭建，再到VR、AR等虚拟展示技术的探索，高科技新浪潮几乎影响到所有文化行业。我们要把握好社会信息化机遇，借助高新技术力量，让中华优秀文化不断突出特色、强化优势，实现文化传承创新，增强国家文化软实力。

《人民日报》2021年1月15日第20版

> 拓展阅读

给文物保护与利用插上科技的翅膀

马洪涛

保护好、传承好历史文化遗产是对历史负责、对人民负责。在这一理念的引领下，各博物馆坚持"保护为主、抢救第一、合理利用、加强管理"的文物工作方针，做了许多有益的尝试。四川广汉三星堆博物馆坚持以科技引导、用数字赋能，充分发挥信息的媒介作用，发掘好、保护好、研究好文物遗址这笔丰厚的历史文化遗产。

把科技方法运用在发掘中。由于文物发掘的专业性与复杂性，可加强研发并利用集信息提取、图像资料采集、载人发掘、文物运载等设备于一体的考古发掘舱。在这个平台内，不仅可以载人进行悬空清理易碎文物，还可以装载文物出坑；既可以进行高光谱分析，也可以进行三维扫描和摄影等信息采集工作，从而实现精细化考古，让考古发掘和文物应急保护更加及时、准确、精细。在青铜器方面，经过对出土铜器的成分和铅同位素分析，揭示本地风格与其他风格文化铜器是否为同一个来源。在象牙发掘中，采用高分子绷带

> **拓展阅读**

进行固形处理,然后整体提取回实验室清理。清理完成的象牙,经过保湿杀菌处理后存放至低温高湿专用库房。这种提取与保护方法的成功,表明医用高分子绷带具有超越石膏提取法的应用优势,对类似出土遗物的现场保护工作有一定的借鉴作用。

把现代工艺运用在修复中。一般来说,出土的文物出现破损残缺是一件不可避免的事情,特别是青铜器,需经过整形、翻模、补配、修补、纹饰对接、焊接等多道程序才能恢复其本来面目。有了现代科技手段的助力,我们就能更加顺畅地进行环境检视、科技测年、DNA测定、材料分析等方面的工作。例如,我们运用超景深显微镜、扫描电子显微镜、显微红外光谱等分析技术,对三星堆遗址二号祭祀坑出土的部分青铜器表面进行了显微观察和检测分析。显微观察结果表明,青铜器表面附着有经纬组织明显的纺织残留物,根据保存状况可以分为纺织实物、炭化物和泥化物,结合显微红外分析结果,可以确定残留物的原料为蚕丝。实验结果证实了三星堆文化时期丝绸的存在,也探明了丝绸的发现位置,根据赋存状况,推测丝绸与青铜器、金器共同构成了三星堆祭祀文化体系。这为三星堆文化与南方丝绸之路的关系,提供了十分重要的新证据。

拓展阅读

把数字手段运用在展示中。为了更好促进文物价值传播、满足不同群体的需求，加大对馆藏精品文物视频制作及3D数据采集力度，利用AR、GPS、卫星遥感等数字技术，打造现象级文物、遗址数字化产品。同时，加强短视频传播平台建设，稳步推进个性平台和海外平台自媒体建设，将文物背后的中华历史文化和相关重点文物用虚拟可视化技术进行数字重塑、虚拟重建与还原，梳理挖掘文化内涵，实现数字化、可移动、沉浸式和互动化。同时，将文物数字化产品广泛运用到展览展示、文物保护、导览服务、文化传播、文创产品开发等多个领域，通过360度沉浸式展厅、裸眼3D等多媒体展项为观众带来沉浸式、科技感、趣味性的观展体验，基于元宇宙、数字孪生、NFT技术的数字文创也在用最现代的方式解读展示最古老的文明，让老百姓能够便捷、直观地感受中华优秀传统文化的魅力。

05

探索文物背后的奥秘

苏伯民

2022年,我到敦煌已经30年了。常有人问我:30年的相处,敦煌有哪些最打动你的时刻?你对敦煌怀着什么样的感情?我很少去琢磨这些感性的问题。回想起来,组成30年光阴的似乎就是一个接一个的保护项目。在别人看来,大概不够浪漫,但我对文化遗产事业的理解和坚持,就是在这个过程中不断加深的。

如今,科技在文物保护和研究中发挥着越来越重要的作用。我与文化遗产事业的结缘,就是以科研为桥梁。我是学化学专业的,毕业后进入甘肃省地矿局中心实验室做岩矿分析。一次偶然的机会,同事向我介绍敦煌研究院,告诉我那里有国际合作项目。20世纪90年代初的中国西北,这种机会还比较少,就这样,怀着对科研的憧憬,我踏入敦煌。

初到敦煌,我就被泼了一盆"凉水"。当时,敦煌研究院的仪器设备条件比较落后。我的任务是做敦煌壁画颜料变色相关研究。颜料分析需要 X 射线衍射仪,但院里的衍射仪性能不足,很难正常开展工作。我还能做啥?该从什么方向着手?带着这样的迷茫,在院领导的支持下,我决定"回炉再造",攻读文物保护方向的硕士和博士。

壁画为什么会产生起甲、空鼓等病害?它跟环境、材料的关系是什么?就像医生对待患者,要先弄明白病理,才能找到最好的治病方法。我渐渐感到这里头值得研究的东西太多了,对工作也越来越感兴趣。尤其是莫高窟第 85 窟修复项目,让我获益良多。以前,洞窟和壁画保护工作都是零零星星的,很多问题的解决依赖于老专家们的经验,并未弄清背后的机制原理。经过第 85 窟的修复,对于保护一个洞窟,要经过哪些步骤、采用怎样的研究方法,我们终于有了完整、全面的思路。从此,敦煌文物保护开始逐渐走向系统化、科学化。

30 年来,无论是保护理念、管理水平,还是科技应用、文化传播,敦煌都发生了巨大的变化。这是一代代敦煌人接续奋斗的成果。每次想到自己也是接力中的一环,都会油然而生一种自豪感。现在,我们的团队已有 300 多人。利用多光谱分析等技术,已经能够实现对壁画的无接触研究和预防性保护。260 多个洞窟已完成数字化,在对外展览、网络传播上发挥了很大作用。敦煌壁画内容极其丰富,如何对其中的信息进行进一步整理、提取,再分门别类地展示给大家,我们的数字化团队也正在努力。除了自身的工作,团队还经常受邀为其他省份甚至国外的项目提供支持。

作为一名科研工作者，我仍在探索文物背后的奥秘。敦煌壁画的矿物颜料和植物染料，包含着怎样的色彩变化规律？潮湿环境下的墓葬壁画保护，与敦煌的经验存在哪些差异？作为敦煌研究院院长，我也在致力于让更多人了解敦煌、爱上敦煌。希望美丽的敦煌能够绽放出更加璀璨恒久的魅力。

《人民日报》2022年6月11日第7版

> **拓展阅读**

不断拓宽"让文物活起来"的路径

李瑞振

保护历史文物是传承中华优秀传统文化的必然要求。党的十八大以来,习近平总书记高度重视文物保护,多次就文物保护工作作出重要指示批示,对提升文物保护水平提出了明确要求,为做好文物工作领航指路。习近平总书记强调:"要系统梳理传统文化资源,让收藏在禁宫里的文物、陈列在广阔大地上的遗产、书写在古籍里的文字都活起来。"我们要深入学习领会、坚决贯彻落实习近平总书记关于"让文物活起来"的重要论述精神,在加强文物整理保护、做好研究阐释、提高展示传播水平等方面下大功夫。

加强文物整理保护。习近平总书记指出:"文物承载灿烂文明,传承历史文化,维系民族精神,是老祖宗留给我们的宝贵遗产,是加强社会主义精神文明建设的深厚滋养。保护文物功在当代、利在千秋。""让文物活起来",就是要激活历史文物资源的生命力,通过活化利用让文物重现璀璨光彩。"让文物活起来"是一项系统工程,涉及文物场

> **拓展阅读**
>
> 所成为国家客厅、文物资源赋能高质量发展、文物创意点亮美好生活等方方面面，其中做好文物的整理保护是重要前提。文物作为民族智慧的结晶、人类文明的瑰宝，是我国悠久历史文化的见证和重要载体，是维系中华民族团结统一的重要精神纽带，是不可再生、不可替代的宝贵资源。"让文物活起来"，首先要做好文物的整理保护工作。一方面，文物整理是文物保护的前提，只有摸清了文物资源家底才能做好文物保护、才能"让文物活起来"。党的十八大以来，我国文物事业发展迎来历史最好时期，文物普查和长城、石窟寺等专项调查工作扎实推进，普查登记全国不可移动文物76.7万处、国有可移动文物1.08亿件（套），文物资源家底逐步摸清。另一方面，要坚持对文物进行专业保护，如对濒危损毁文物进行抢救性保护、对重点文物进行预防性主动性保护，让文物真正"延年益寿"，让优秀文物世代相传。面向未来，我们要继续做好系统的文物整理保护工作，健全国有文物资源资产管理体系，建立文物资源资产动态管理机制，完善常态化的国家文物登录制度，建设国家文物资源大数据库。健全文物保护利用法律制度和标准规范，划定文物保护利用的红线和底线，提升全社会文物保护法治意识。

拓展阅读

加强文物研究阐释。习近平总书记强调:"一个博物院就是一所大学校。要把凝结着中华民族传统文化的文物保护好、管理好,同时加强研究和利用,让历史说话,让文物说话"。"让文物活起来",既是一项实践性很强的工作,也是一项需要在理论研究上不断拓展的大工程。例如,对于保护好长江文物和文化遗产来说,深入研究长江文化内涵是题中应有之义;加强革命文物的保护利用,就要在保护好革命文物本体基础上,加大革命文物研究。加强文物研究阐释能够"让文物活起来"具备更为坚实的理论支撑。首先,要准确阐释文物自身的深厚内涵,通过对文物本体的深入研究、深刻阐释,实现让历史说话、让文物说话的目的,帮助人们认识历史本来面貌、把握人类社会发展历程和规律。其次,要注重研究阐释的方式方法创新,在研究过程中注重文物和文献、史料的结合,坚持历史和现实结合的方法,挖掘文物背后的历史文化,做到透物见史、见人、见精神,用我们自己的话语体系解释中国文物中蕴含的中国人看待世界、看待社会、看待人生的独特价值体系、文化内涵和精神品质。新的时代条件下,尤其要重视运用现代科技手段做好研究阐释工作。再次,要加强研究队伍建设,提高研究人员专业化能力,多出有深度、有分

拓展阅读

量的研究成果，积极推进文物研究人才发展体制机制建设，实施多层次人才培养计划，为文物事业高质量发展提供强有力的人才保障。

提高文物展示传播水平。习近平总书记强调："要加强文物保护利用和文化遗产保护传承，提高文物研究阐释和展示传播水平，让文物真正活起来，成为加强社会主义精神文明建设的深厚滋养，成为扩大中华文化国际影响力的重要名片。"文物工作虽然保存、研究的是过去和历史，但最终要落实到服务今天、服务现实。我们要在做好文物整理研究工作的基础上，以人民群众喜闻乐见的方式做好文物的展示传播工作，充分展现文物的价值和魅力。首先，做好文物数字化展示传播工作，使文物展示传播与当代科技手段、艺术形式实现"无缝对接"。在文物大数据建设、文物资源共享等方面继续向纵深拓展，提高文物知识传播的便捷性，增强文化展示的互动性和体验性。例如，可以加快发展智能博物馆，打造博物馆网络矩阵，让文物插上人工智能的"翅膀"。其次，加强对外宣传推广活动。文物承载着灿烂文明、传承着历史文化，是中国故事的生动讲述者，在促进我国与世界各国的文化交流和友好关系方面发挥着积极的桥梁和纽带作用。我们要推动对外宣传创新，全面提升国际传播效能，向

拓展阅读

国际社会展示博大精深的中华文明，讲清楚中华文明与世界各国文明交流互鉴的历史和对人类文明的重大贡献。深化文物对外交流合作，积极开展中外联合考古、精品展示等活动，不断提高文物展示传播水平，向世界展示真实、立体、全面的中国。

06

文物华彩　笔端绽放

朱万章

党的十八大以来,我国文物保护工作不断取得新进展、新成就。一批美术工作者走进博物馆、纪念馆、大遗址等地,亲身感受我国文物保护利用与管理水平的不断提升,以饱满的激情创作了大量美术新作。在这些作品中,悠远的文明回响穿越千年时光,灿烂的民族瑰宝绽放时代光彩。

讲述动人红色故事

革命文物是激发爱国热情、振奋民族精神的深厚滋养。近年来,我国革命文物家底基本摸清,革命文物保护状况持续改善,革命文物教育功能不断强化。不少美术工作者聚焦各地保护、管理、利用革命文物的实践探索,以画笔生动讲述红色故事。

怎样让文物活起来

一件件革命文物，凝结着中国共产党的光荣历史，展现了近代以来中国人民英勇奋斗的壮丽篇章。美术工作者用画笔追寻红色历史。为庆祝中国共产党成立100周年，以革命文物为主题的美术作品接连涌现，成为弘扬革命文化的重要载体。例如，喻涛版画《见证·革命友谊之借款信》便以一封红色书信为对象，讲述中国共产党人之间的革命友谊。这件作品是画家在结合文献研究与实地寻访的基础上创作而成的。借助超写实的表现手法，创作者生动还原了信件刚写好时的历史情境，带领观者走入峥嵘岁月。田黎明中国画《铭史册页图》、王小舟中国画《足迹》等作品，着重刻画了历经烽火洗礼的军号、军装、马灯等物品。面对有着独特精神底色的革命文物，美术工作者不局限于写实再现，而是不断创新构图形式、材料技法，将人文情怀注入笔端，在特写式的描绘中，使作品展现出信仰的力量与精神的传承。

如今，许多革命旧址、革命博物馆纪念馆焕发新风采，成为人们参观游览、接受爱国主义教育的重要场所。聚焦这一现象，一批美术工作者通过不同视角，描绘红色资源保护利用持续走向深入的崭新画卷。在李江峰油画《青春之歌唱响之地》中，修缮一新的北大红楼屹立于街角，四周往来的车辆、行人络绎不绝。历史建筑与现实生活的交相呼应，既体现了革命旧址焕发新风采，亦触发观者的深层思考。孙立新油画《四渡赤水纪念馆》、陈树东油画《陕北"十二月会议"会址》等作品，通过对革命旧址的具体刻画，使人们仿佛身临其境，在历史沧桑中感受幸福生活来之不易。杨国瑞中国画《功勋号》以淡雅工细的笔墨，表现了一群青年在博物馆中参观军事文物的场景。透过这些以红色精神为底色的美术作品，人们更能深切感受中国共产党走过的光辉历程、取得的伟大成就。

展现多彩文明画卷

我国是名副其实的文物资源大国，保护好、利用好考古遗迹和历史文物，离不开全社会的共同努力。一些美术工作者也致力于成为文物保护的践行者、中华优秀传统文化的弘扬者。他们积极开展实地考察，以丹青抒写中华文明的灿烂成就，展现当代文物保护利用新面貌。

伴随考古发掘项目的有序开展，浙江良渚、陕西石峁、河南二里头、四川三星堆等一批重要遗址，既实证5000多年中华文明史，也为美术创作提供了丰富素材。一些美术工作者走进考古遗址，用画作展现其独特魅力和深厚文化内涵。像管建新油画《良渚遗址》、刘小同中国画《古格遗址》等作品，通过对考古遗址地的多彩描绘，传递文明之美。一些美术工作者遍访全国重点文物保护单位，记录其历经岁月洗礼后迎来"新生"。在杨飞云油画《正定县天宁寺凌霄塔》、文中言版画《故宫角楼》等作品中，观者可以感受到历史与文化的脉动、人文与自然的和谐。丁一林油画《云冈石窟之二》、沈康油画《丝路乐章》、郭仲正油画《麦积山》等作品，聚焦石窟寺保护利用。无论是写实还是写意，美术工作者都着力在描绘巍然壮观的石窟寺的同时，折射历史文化遗产的当代风貌。

我国文物保护与考古取得的新成效，离不开广大文物工作者的无私奉献和辛勤付出。在众多艺术佳构中，以文物工作者为表现对象的作品，叙事巧妙，主题鲜明，令人印象深刻。例如，袁元、季承禹油画《敦煌女儿》表现了"文物保护杰出贡献者"国家荣誉称号获得者、敦煌研究院名誉院长樊锦诗工作的场景。画面背景是跨越千年的敦煌石窟壁画，樊锦诗手持手电筒立于壁画前，似在思考，又似在展望。画家特意用油画刮刀在亚麻画布上厚涂油彩，使人物形象更立体、更硬朗，以此体现樊锦诗的执着坚守与无悔奋斗。党志斌中国画《千年对话》则通过描绘普通考古工作者的日常工作，致敬这些把论文写在祖国大地上的追梦人。作品中，充满朝气的考古工作者或在清理文物、或在认真记录，从他们身上，观者可以看到当代年轻人传承中华优秀传统文化的生动实践。

抒写旺盛发展活力

凝聚各方力量和智慧，文物保护领域跨学科、跨领域合作不断深化，云展览、云教育等活动火热开展，文物保护交流合作渐成规模……在美术工作者笔下，我国文物事业活力迸发的精彩图卷徐徐展开。

随着博物馆数量不断增多、免费开放不断拓展，参观博物馆已成为人们生活的重要组成部分。许多美术工作者走进身边的博物馆，以画笔记录所见、所思、所感，展现文物"活"起来的新面貌。在水彩画《楚风·皿方罍》中，湖南画家石明祥将出土于家乡的两件代表性文物——马王堆三号汉墓T形帛画与商代皿方罍绘于同一画面中，讲述国宝背后的传奇故事。王忠鹏水彩画《铜之语》以细腻的笔触、敦实的造型，使作品氤氲着文明之美。刘海涛中国画《博物馆之都》、陈轶涵中国画《对话》等作品，以人们参观博物馆为主题，侧面反映出博物馆发展成果正在为越来越多的人所共享。

透过美术作品，亦可感受到文物保护利用与百姓生活的密切联系。像黄东兴油画《大梦敦煌》便以取材自敦煌壁画的民族舞剧为表现主题。舞台上，演员们正翩翩起舞，与背景中石窟壁画上的飞天形象相呼应，共同演绎敦煌艺术之美。郭争光油画《鼓浪屿印象——暖阳》则展现了鼓浪屿历史文化街区的一角。供游人休憩的座椅、懒洋洋的猫与具有温度的历史建筑相映成趣，温暖的色调渲染出鼓浪屿的悠闲与诗意。历史记忆与当代生活交融共生的美好图景，成就当代美术作品中一道亮丽风景。

文物"活"起来的新风采，不仅受到专业美术工作者的关注，也吸引着许多美术爱好者。一些90后、00后紧随时代发展，运用便捷的电子设备手绘文物图鉴，画风清新，内容新颖，为推动文物活化利用提供了新思路。这些创作实践的传播力度和广度在一定程度上超越了传统媒介，受到许多网友的关注与喜爱，体现了文物展示传播与当代科技手段、艺术形式的"无缝对接"。

以文物保护利用为主题的美术作品，体现了新时代主题性美术创作的新气象。这些作品大多出自中青年美术工作者之手，他们以活跃的艺术思维，通过不同形式展现我国文物工作的新进展，为主题性美术创作拓展了空间。新时代的中国，文物事业前景广阔，期待更多美术工作者让文物华彩在笔端绽放。

《人民日报》2022年8月28日第8版

拓展阅读

文物活起来，点亮大众生活

邹雅婷

2021年是中国现代考古学诞生百年。回望这一年，我们深切感受到，考古工作者们用心发掘的文物，正在以越来越丰富、新颖的方式"活起来"，焕发出新的时代光彩。从三星堆考古直播成为全网关注的热点，到95后视频博主手工"复原"三星堆金面具、金杖；从《唐宫夜宴》《中国考古大会》等电视节目火出圈，到"博物馆+剧本杀"备受年轻人追捧……文化遗产更多地走进当代生活，为我们提供丰厚的精神滋养和文化自信的底气。

文博节目出新出彩

5000多年前良渚玉琮上神秘繁复的纹饰是用什么工具雕刻出来的？3000多年前萌萌的青铜鸮尊有何用途？2000多年前的雁鱼青铜灯怎样集美观、实用与环保于一身……

2021年11月开播的《中国考古大会》，由专家学者和考古推广人带领观众探秘考古遗址，以闯关解谜的有趣形

> **拓展阅读**

式、细致入微的场景复原,生动讲述了考古发掘的艰辛故事,揭示了文物蕴含的中国智慧,在网上掀起一个个热议话题,赢得了许多年轻人的关注和喜爱。

据统计,《中国考古大会》第一期播出后,电视端累计触达超过5985万人次,融媒体端触达9亿人次,节目主话题词阅读量破亿,相关话题阅读量破3亿,登上微博综艺影响力排行榜第一。

中国社会科学院学部委员、考古研究所所长陈星灿说,节目通过考古学家的讲述和现场探秘,带给人们亲临考古一线的感觉;通过舞蹈、实验考古和复原模型,让观众仿佛走进了古人的物质和精神世界。这档节目既像一部考古纪录片,又像一堂考古公开课,但又比传统节目更复杂、更精彩,形式上是一种创新。

2021年12月开播的《万里走单骑——遗产里的中国》第二季,则通过"万里少年团"的行走、探索和体验,以观照当下生活、贴近年轻群体的视角,解码12处世界遗产地。

担任该节目文化向导的中国文物学会会长、故宫博物院原院长单霁翔说,《万里走单骑——遗产里的中国》的主题就是让文化遗产活起来,既有知识理念输出,又让人感觉轻松愉悦。"我们衷心期待通过这档节目,让更多的年轻人开启自

> **拓展阅读**

己的探索发现之旅，品味中华优秀传统文化的甘甜与富饶，爱上世界文化遗产，并成为它们坚定的守护者和传承者。"

复旦大学文物与博物馆学系教授高蒙河认为，文博类电视节目从"出圈"到"出棚"，体现了文化遗产传播方式不断赓续创新。通过通俗易懂的综艺形式，中国文化遗产研究、保护的成果更多、更生动地展现给了国人，展现给了世界。

博物馆提供多元服务

在江苏扬州三湾古运河畔，扬州中国大运河博物馆让观众沉浸式体验大运河的千年繁华；在苏州博物馆西馆，姑苏文化与古罗马文明展开跨越时空的对话；在湖北省博物馆新馆，"天下第一剑"住进"豪宅"，楚国车马出行图动了起来……2021 年，一批新的文博场馆建成开放，成为当地的文化盛事。

南京师范大学文物与博物馆学系副教授黄洋说，与传统博物馆相比，新建的博物馆在功能定位上更加拓展，博物馆不再只是文物收藏展示机构和社会教育平台，而是能为公众提供多元服务的综合性文化空间。"人们来到博物馆，不一定是来看展览，也可以喝咖啡、买文创、玩剧本杀。精美的文

> **拓展阅读**

创商店与展览空间融为一体,让人们感受传统文化与现代生活的交融。通过拍照、购买等方式,可以把博物馆带回家。"

此外,博物馆在展陈设计上更加注重满足不同人群的需求。苏州博物馆西馆有专为3—12岁孩子们打造的探索体验馆,扬州中国大运河博物馆设计了让儿童探索自然的"运河湿地寻趣"展厅,还有能让青少年体验密室逃脱游戏的"运河迷踪"展厅。

数字技术的加持,让博物馆的观展体验更加丰富多彩。在试开放运行的南京城墙博物馆,三折幕沉浸式影院带领观众重回大明王朝的首都南京,身临其境欣赏南京城墙的宏大壮丽,穿行街市感受使臣朝贡与市井百态。在扬州中国大运河博物馆,登上"沙飞船",便可开启一场从杭州到扬州的运河之旅。在改造升级后的青海省博物馆,观众可以虚拟游览藏传佛教圣地瞿昙寺,还可通过便携式AR眼镜自助导览,聆听文物故事。

互动体验已成为博物馆吸引观众的一大亮点。不管是采用多媒体和新技术,还是引入密室、剧本杀等新形式,都是为了增强观众的体验感,让观众在互动中感悟历史文物的价值、感受中华文化的魅力。

怎样让文物活起来

> **拓展阅读**
>
> ### 让文物更好地融入生活
>
> 2021年11月,中央全面深化改革委员会第二十二次会议审议通过《关于让文物活起来、扩大中华文化国际影响力的实施意见》。会议指出,要开展创新服务,使文物更好融入生活、服务人民,积极拓展文物对外交流平台,多渠道提升中华文化国际传播能力。
>
> 中国文物交流中心主任谭平认为,可以从两方面来理解"让文物活起来"的时代意义。一方面要加强文物保护传承,发挥文物在传承中华文明、扩大中华文化国际影响力等方面的重要作用,不断增强文化自信,为实现中华民族伟大复兴提供重要支撑。另一方面要加强文物合理利用,促进文物资源向社会公众开放,不断满足人民群众日益增长的美好生活需要,服务经济社会发展。
>
> 让文物活起来,首先要做好文物的研究阐释。例如,《中国考古大会》用多种方式再现了几千年前古人的生活,而这是以多年来考古研究的成果为基础的。只有把文物研究好、研究透,才能讲出吸引人的故事。
>
> 技术的发展也为文物活起来提供了新的机遇。"遇见敦煌·光影艺术展"借助3D光雕数字技术,将敦煌石窟艺术凝缩于炫彩夺目的沉浸式空间;故宫博物院"数字故宫"小

> **拓展阅读**

程序 2.0 新增 AR 实景导航功能，并打造了 AI 随身导游"小狮子"，可为观众提供智能导览、讲解及聊天服务……

博物馆不仅要把观众"请进来"，更要用丰富的手段让更多文物"走出去"，走进大众生活，走进人们心里。文物活起来关键在于让文物价值实现更广泛的传播，让中华优秀传统文化在国际传播中大放异彩。

让更多人爱上博物馆

余俊生

截至2021年底,北京拥有204家博物馆,其中一级博物馆18家,位列全国之首,是世界上拥有博物馆资源最多的城市之一。2022年7月,北京广播电视台创作推出文博探秘类节目《博物馆之城》,深刻挖掘中华文明独特价值,创新解读中华民族精神标识,彰显首都文化的深厚底蕴和时代魅力,为观众奉上了一场精神和文化盛宴。

以全新视角探访文化之美。节目走进北京8家各具特色的博物馆,在每家博物馆中为节目观众首度公开一处未开放区域,如首都博物馆的文物库房、国家动物博物馆的标本资源库、北京艺术博物馆的古建修复现场等。不少"镇馆之宝"首次露面,如万寿寺里的乾隆御笔《岁朝图》、徐悲鸿纪念馆里的《巴人汲水图》原作、恭王府博物馆的郎窑红荸荠瓶等3件珍贵的回流文物……通过"探秘"和展现,观众得以进入博物馆的"隐秘世界",可以更加深刻地感知中华文明的博大精深。

以坚忍执着彰显匠心之美。一个博物院就是一所大学校。打开博物馆之门,需要抱有"学生心态"。《博物馆之城》设立了独特的体验环节,邀请故宫博物院原院长单霁翔带领的"博物馆探秘团",深度学习体验基层文博工作。节目中,单霁翔化身首都博物馆的文物修复师、中国紫檀博物馆的展陈部员工、周口店遗址博物馆的遗产监测师……在深度学习这些专业技艺的过程中,展现文物保护工作的特殊性和非凡匠心。

以价值追求传扬精神之美。博物馆既是保护、展示中华文明的宝库,也是传承、弘扬中华民族精神品格的殿堂。节目通过讲述文物背后的故事,弘扬我国文博工作者孜孜不倦的精神追求。例如,通过深入探访文物保护部门中的生物研究室,揭秘首博独家书画揭展技术是如何研发成功的;通过古代遗址发掘的过程,表现几代琉璃河遗址考古人的治学精神;通过采访北京郊区大山里的夫妇,展现四代人对石佛的坚守。节目希望在引导更多观众欣赏可视可感的文化遗产的同时,也能深切感悟蕴藏其中的哲理智慧和人文精神。

以暖心温度形塑情感之美。一个好的博物馆不仅在于馆舍宏大、藏品丰富,更要看其是否有情怀、有温度。《博物馆之城》力求呈现这种温度。节目通过北京艺术博物馆的残缺祭文,讲述百年前感人至深的母子之情;通过徐悲鸿纪念馆让观众落泪的画作,引出画家笔下海军一级战斗英雄的父女之情;通过国家动物博物馆的大熊猫

怎样让文物活起来

标本,揭开饲养员和大熊猫良良的十三载养育之情……这些有温度的细节拉近了文博与受众之间的距离,在物与人的结合、情与史的交织中激荡出直抵人心的力量。

北京是世界著名古都,丰富的历史文化遗产是一张金名片。打造"博物馆之城",北京有着得天独厚的优势。《博物馆之城》全面展现首都文化的博大精深和文化建设的丰硕成果,生动诠释一座城市与博物馆之间相互涵养、彼此点亮的关系,让更多人了解、爱上和走进首都的博物馆,深切感受和体悟首都文化。

博物馆正从传统的"馆舍天地",走向丰富多彩的"大千世界"。《博物馆之城》将继续深耕北京历史文化资源,探访更多类型、更具特色的博物馆,以更加鲜活、生动、立体的方式,呈现和传播首都文化遗产丰富的历史价值、文化价值、审美价值、科技价值、时代价值,为打造彰显首都风范、古都风韵、时代风貌的"博物馆之城"贡献力量。

《人民日报》2022年9月8日第20版

> 拓展阅读

博物馆赋能经济社会发展

薛 林

我国博物馆作为坚定文化自信的力量源泉、保护和传承中华文明的重要场所和连接过去、现在、未来的桥梁,经过20世纪前半段的孕育诞生、新中国成立到社会主义建设时期的沉淀积累、全面改革开放到21世纪初叶的快速发展后,在新时代与经济社会同步进入高质量发展阶段。

经济发展保障博物馆繁荣,博物馆增效赋能经济增长。博物馆赋能经济社会发展全局,应包括有形支撑和无形影响两个大方面。有形支撑是窄口具体的,一方面借助资源特色和平台优势,通过开发研学旅游、文创产品等提升影响力;另一方面辐射带动周边景点、酒店、餐饮、娱乐等相关经济发展。无形影响是宽面深远的,博物馆代表一个地区一座城市的发展历史、文化底蕴和城市形象,也是展现城乡发展前景、营商环境建设、共享发展成果等地区软实力的重要平台。

赋能路径,应是外因和内因双轮共同驱动。外因驱动,作为经济发展、博物馆繁荣的关键,各地要将博物馆建设作

拓展阅读

为推动地方经济社会发展的重要支撑来抓,合理布点建设体制完善、功能完备、内容充实、特色鲜明、互补相宜的地方博物馆体系。同时要加大政策、资金等方面支持力度,打造文化阵地、树立城市形象,进而带动住、购、游等二次消费加速发展。

内因驱动,博物馆要激发自身动力、提升造血能力。要牢牢抓住陈列展览这一核心资源,运用独特视角、现代科技手段,采用线下和线上相结合、基本陈列和临时展览相补充的方式,展示展演当地历史发展脉络和地域特色文化。

——充分研究挖掘文化精髓,紧跟时代步伐、回应需求热点,辅以新创意、新技术、新形势,开发具体有形、易于传播的特色文创产品,使文物由高冷变亲民、陌生变熟悉。就如文物盲盒热潮不断、丑萌绿马"一马难求"、文创雪糕爽甜可口般让文物活起来、火起来,带动文创产业扩容升级。

——顺应文旅融合的时代特征,"宜融则融、能融尽融,以文促旅、以旅彰文",打造文化旅游精品线路和特色文化旅游品牌,形成以博物馆为中心、以周边商圈为外延、辐射全域的区域经济发展新模式。

——积极融入乡村振兴、新型城镇化建设、区域协调发展、产业转型升级以及长城、大运河、长征、黄河国家文化

> **拓展阅读**
>
> 公园建设、考古遗址公园建设等国家重点战略，融入经济、金融、制造等各个领域，设计地域产品，巧嵌文化元素，提高品质内涵，提升发展质量。
>
> ——构建博物馆全民终身教育体系，加强与各级各类教育资源相统合，通过青少年教育、社会教育、移动展览等途径，推动博物馆教育向博物馆学习转变。

08

提升石窟寺保护管理和展示利用水平

李 黎

石窟寺保护一直是我国文化遗产保护领域的重点内容。2019年8月，习近平总书记在敦煌研究院主持召开座谈会；2020年5月，习近平总书记来到大同云冈石窟考察历史文化遗产保护工作，均对石窟寺保护利用作出重要指示批示。国务院办公厅印发《关于加强石窟寺保护利用工作的指导意见》《"十四五"文物保护和科技创新规划》，对石窟寺保护利用工作，作出重要部署。石窟寺保护利用迎来前所未有的发展机遇。

保护利用系统思维确立

沿丝绸之路由西向东、向南传播的石窟寺，发展脉络清晰，蕴含的文化、历史、哲学内涵深厚，是我国文物长河中的瑰宝，见证了中西文化交流，体现了中华文化的丰富多彩与开放包容。

我国石窟寺多开凿于河流阶地，既反映了古人选址和营造的工程思维，又构成了独特的景观特点。石窟寺内包含洞窟构筑物、壁画、彩塑、石雕像、题刻题记等内容丰富、形制多样、艺术魅力深厚的文物类型。

根据国家文物局组织开展的全国石窟寺保护状况专项调查结果，全国有2155处石窟寺和3831处摩崖造像，新发现有635处。调查结果对厘清我国石窟寺传播线路、开展分期分区研究、分门别类实施保护以及加强展示利用等具有显著意义。

我国石窟寺保护理念，是在遵循文物古迹保护的基础上，根据石窟寺的特点逐渐形成的。通过70余年的实践，石窟寺的保护理念经历了从"修旧如旧""不改变原状"到尊重各个时期的贡献和重视保护历史环境与价值的转变。

近10年，石窟寺保护利用工作顶层设计不断优化，石窟保护系统思维逐渐确立，石窟考古研究、保护技术理念等诸多方面均取得显著成效。《敦煌石窟全集》（第一卷）、《大足石刻全集》、《龙门石窟考古报告》等一批重要石窟寺考古报告的出版，推动了石窟寺考古学科方法和理论体系进一步完善。14个省份印发石窟寺保护利用方案，石窟寺保护研究机构和人员力量显著增强。

2021年11月，国家文物局印发《"十四五"石窟寺保护利用专项规划》，进一步加强顶层设计和整体布局，系统统筹保护利用工作。石窟寺保护利用工作得到全社会的广泛关注，石窟寺的时代价值和社会作用进一步凸显。

科技支撑作用日益明显

石窟寺保护离不开科技支撑。

新中国成立后，以石窟寺岩体裂隙灌浆材料、岩体锚杆加固等为代表的关键技术的突破，开启了我国利用现代科学技术开展石窟科学保护的先河。20世纪70年代，"莫高窟挡墙加固工程""龙门石窟奉先寺防渗加固工程""云冈石窟加固三年工程""麦积山喷锚粘托加固工程"等一系列代表性和示范性保护项目陆续实施，为石窟寺的"延年益寿"打下重要基础。20世纪80年代到21世纪初，是我国全面开展石窟寺保护的20年，一大批重要石窟得到抢救性保护。同时，以敦煌莫高窟为代表，集中进行了风沙治理、壁画修复、渗水裂隙灌浆、壁画数字化等综合性保护工作。"十一五"以来，我国石窟寺保护科学技术水平得到全面提升。通过设置国家科技支撑计划课题，开展石窟寺岩体赋存地质环境、岩石特性、危岩体结构特征、变形破坏机理、稳定性评估及加固机制等方面的探索性研究工作，石窟寺保护取得了一定成果。

通过一辈辈文物工作者的探索，石窟寺保护目前已形成"重视前期试验成果支撑、科学研究贯彻保护过程、多学科联合攻关、动态设计和实施"的工作方法理念，并成为文物保护领域的示范性经验。

近10年，石窟寺病害机理研究、勘察技术、保护加固技术和展示利用技术快速发展，多学科联合攻关模式逐步确立，石窟寺保护中，科技的支撑和引领作用日益凸显。"十四五"国家重点研发计划

提升石窟寺保护管理和展示利用水平

"石窟寺岩体稳定性预测与加固技术研究",创新性地利用振动磨和气流磨技术,将中国传统石灰材料进行微纳化改性研发,解决了监测数据不连续、监测精度不足的难题。

一系列重要保护工程的实施,有效改善了石窟寺保存状况,逐步实现了从"抢救性保护"向"抢救性保护和预防性保护并重"的转变。在长期"抢救性保护"过程中,针对石窟寺的环境监测、保存状况调查、保护设施建设、数字化档案建设、自然灾害预警等多项工作,已经形成石窟寺预防性保护的共识。以敦煌莫高窟、云冈石窟、龙门石窟、大足石刻等为代表的重要石窟寺,开展了大量预防性保护工作。

莫高窟壁画保护、大足石刻千手观音保护修复、川渝石窟保护专项等代表性工程,进一步提升了我国石窟寺保护水平。莫高窟、云冈石窟、龙门石窟等世界遗产监测预警体系的建设、数字化工作,为新时期石窟寺保护管理与展示利用奠定了重要基础。"十三五"以来,围绕石窟寺保护关键难题,科技部分别布设了石窟岩体稳定性、表层岩体风化、渗水裂隙治理等方向的国家重点研发任务,重视石窟本体安全、石窟保护环境的改善。

积极探索展示传播新手段

近年来,依托自身优势,许多影响深远的石窟寺主题展览面向公众。以"敦行故远:故宫敦煌特展""丝路华光——敦煌、云冈、龙门石窟艺术联展""殊胜大足——大足石刻特展"等为代表的石窟展览活动,不断推动石窟寺走近民众,让更多民众得以认识和了解石窟寺。围绕石窟寺开展的壁画艺术展、雕塑论坛、岩彩展览等多维度展览展示活动，充分彰显了石窟寺的艺术价值。

除传统实物展示外，莫高窟、龙门石窟、云冈石窟等一直积极探索石窟寺展示新方式，如莫高窟的"数字敦煌""虚拟洞窟"，龙门石窟的"万佛洞三维数字虚拟现实体验"等，借助先进的数字技术和多媒体手段，展示石窟价值内涵和艺术特色，提升服务质量和用户体验。

每一座石窟都是一座不可移动的博物馆，是公共文化的科普长廊。近年来，越来越多的创新性举措涌现，吸引民众走近石窟寺。敦煌鸣沙山月牙泉景区推出"飞天服"，吸引游客在沙丘上旅拍；云冈石窟景区内多元文化馆的"文化大餐"，为广大游客的云冈之行增添了丰富的文化旅游体验；以龙门石窟为背景实景拍摄的舞蹈节目《龙门金刚》播出，引来赞誉；8K球幕电影《大足石刻》采用实景拍摄和CG动画结合的方式，向观众展示大足石刻的艺术价值。

相信在社会各界的共同努力下，石窟寺保护利用将获得越来越显著的成效。

《人民日报》2022年9月17日第8版

拓展阅读

让更多文物和文化遗产活起来

李曼青

文物和文化遗产承载着中华民族的基因和血脉，是不可再生、不可替代的中华优秀文明资源。

习近平总书记2022年7月8日在给中国国家博物馆老专家的回信中强调，推动文物活化利用，推进文明交流互鉴，守护好、传承好、展示好中华文明优秀成果。他在中央政治局第三十九次集体学习时也强调，要让更多文物和文化遗产活起来，要积极推进文物保护利用和文化遗产保护传承。党的十八大以来，习近平总书记对文化遗产保护高度重视，多次赴文化遗产积淀丰富的省份考察调研，并就文化遗产保护作出重要指示批示，我国文物事业得到很大发展，文物保护、管理和利用水平不断提高。党的十九大专门将"加强文物保护利用和文化遗产保护传承"列为推动社会主义文化繁荣兴盛的重要组成部分。近年来，文物资源和文化遗产蕴含的创新创造基因被不断激活，让文物说话，让历史说话，让文化说话，已经成为文博工作者和全社会的共识。

拓展阅读

如果没有中华五千年文明，哪里有什么中国特色？如果不是中国特色，哪有我们今天这么成功的中国特色社会主义道路？中国共产党人始终是中华优秀传统文化的忠实继承者和弘扬者，特别重视挖掘中华5000多年文明中的精华，把弘扬中华优秀传统文化同马克思主义立场观点方法结合起来，坚定不移走中国特色社会主义道路。始终把保护放在第一位，全面保护好历史文化遗产，统筹好旅游发展、特色经营、古城保护，筑牢文物安全底线，守护好前人留给我们的宝贵财富。加强文物保护利用和文化遗产保护传承，提高文物研究阐释和展示传播水平，让文物真正活起来，成为加强社会主义精神文明建设的深厚滋养，成为扩大中华文化国际影响力的重要名片。

重视文物和文化遗产保护传承工作，为历史和考古工作者开展研究、学习深造、研修交流提供更多政策支持。习近平总书记语重心长地说："作为一地的党政领导，一定要了解当地的历史沿革、历史文化、历史人物和传统经典名篇，有些还要下功夫背诵，把这些作为当地的文化名片。"坚持"保护为主、抢救第一、合理利用、加强管理"的工作方针，采取有力举措守牢文物安全底线，提升考古工作能力和科技考古水平，加强文物古迹和革命文物的保护利用。深

> **拓展阅读**

化文物保护利用改革创新，健全社会力量参与机制，做好博物馆优化布局、藏品管理、服务提升等工作，推动文物事业高质量发展，让文物保护成果更多惠及人民群众。开展创新服务，使文物更好融入生活、服务人民，积极拓展文物对外交流平台，多渠道提升中华文化国际传播能力。

营造传承中华文明的浓厚社会氛围。广泛宣传中华文明探源工程等研究成果，教育引导群众特别是青少年更好认识和认同中华文明。《中共中央关于党的百年奋斗重大成就和历史经验的决议》指出，我们实施中华优秀传统文化传承发展工程，推动中华优秀传统文化创造性转化、创新性发展，增强全社会文物保护意识，加大文化遗产保护力度。要重视加强文物保护的宣传教育工作，鼓励和支持各级各类学校开展有关文物保护的教学研究活动，推广和普及全民性文物保护知识，增强民众的文物保护意识，营造良好社会文物保护氛围。把中华文明探源工程等研究成果，用非专业人士能够接受的通俗易懂的表达方式，通过多种方法、多种途径传播给社会大众，教育引导广大干部群众特别是青少年认识中华文明起源和发展的历史脉络，认识中华文明取得的灿烂成就，认识中华文明对人类文明的重大贡献，不断增强民族凝聚力、民族自豪感。

怎样让文物活起来

> **拓展阅读**
>
> 　　文化是一个国家、一个民族的灵魂。文化兴国运兴,文化强民族强。我们要让收藏在博物馆里的文物、陈列在广阔大地上的遗产、书写在古籍里的文字都活起来,推动中华优秀传统文化创造性转化、创新性发展,以时代精神激活中华优秀传统文化的生命力。

09

考古成果的浓缩呈现

王　巍

中国有"百万年人类史、一万年文化史、五千多年文明史",找到具体的实证,靠的是几代考古人筚路蓝缕、上下求索。自中华文明探源工程启动以来,近400名学者经过20年努力,进一步勾勒和描绘出中华文明起源、形成和发展的壮阔图景。做好研究成果的宣传和推广,加强对出土文物和遗址的研究阐释、展示传播,提升中华文明的影响力和感召力,是当下一项重要工作。

近年来围绕文博领域,文艺工作者创作了一批有口皆碑的优秀节目,2021年11月播出的《中国考古大会》就为广大观众提供了一个了解中国百年考古成果的窗口。

《中国考古大会》聚焦良渚遗址、贾湖遗址、周口店遗址、三星堆遗址、城头山遗址、秦始皇陵、二里头遗址等具有重大学术意义的考古遗址。这些遗址都是在中国考古史乃至世界考古史上占有重要地位的发现，它们展示了中华5000多年文明起源发展的脉络，展示了中国统一多民族国家的形成发展过程，展示了中华文明的灿烂成就及其对世界的贡献。从地域分布来看，《中国考古大会》涵盖了北京、浙江、河南等地的"明星遗址"；在遗址类型上涉及洞穴、聚落、城址、陵寝、墓葬等丰富种类，是考古成果的浓缩呈现。

除了丰富的内容，《中国考古大会》令人回味无穷的地方，还在于它用专业的学术精神、轻松的艺术表达、立体的传播形式，把看似深奥的考古成果生动鲜活地传递给人们。节目打破文化节目的传统答题模式，集探秘空间、专家解读、舞蹈演绎、实景记录等形式于一体，把考古过程转化为一场场剧情式推进和沉浸式体验的"探秘之旅"。

作为一名考古工作者，我一直畅想能有一个空间借助数字化方式，把中华文明起源发展的历程，以及各个时期的历史场景、发明创造、衣食住行、神话传说等展现出来，让人们能更真切地感受中华文化的深厚底蕴。可以说，《中国考古大会》就在荧屏上打造了这样的"公共体验空间"。节目结合人工智能、虚拟现实和裸眼3D演播室技术，针对每个考古遗址量身打造"视+听+触"场景，通过连接考古场景、复现历史图景，让观众足不出户就能"踏访"重大考古发现的现场。同时，节目中丰富的讲解、演示和互动手段，让观众不仅看得懂，而且愿意看、喜欢看。网友表示："一个个考古学界响亮的名字，以这样的形式来到了我们眼前，很有代入感。"

有这样一个令人振奋的数据：在这个节目的观众中，15—24岁观众占比最高，这说明《中国考古大会》成功赢得了广大年轻观众。他们中有人留言说："原来我们现有的很多传统，小到一个敲击打磨的动作，大到一种农耕蓄养的文化，其实数十万年前就在不断演化。因为有了生生不息的延续，才创造了如此灿烂的人类物质和精神文明。作为一个现代人，我无比自豪，也无比感恩。"在今天的考古领域，70后和80后已是中坚力量，90后、00后也正在快速成长。我们期待越来越多的年轻人不仅爱上考古，而且能加入这项任重而道远的事业。

《人民日报》2022年9月30日第20版

> 拓展阅读

"我们在三星堆考古现场"

赵 昊

田陈馨是北京大学考古与博物馆专业2019级本科生。她是四川人,三星堆的青铜面具、青铜神树、青铜立人等,都是从小熟知的文化符号,但她从未想过自己有机会参与到三星堆的考古发掘中。"三星堆于我的特殊,就在于新奇与熟悉的交织。博物馆里常见的青铜器,第一次以出土的形态出现在眼前。老师讲述的发掘方法、文物保护技术,要在工作舱里应用于实践。我熟悉的成都平原,3000年前生活着怎样的先民?他们如何发展出这样的文明?能有机会拨开迷雾接近真相,真是太不可思议了。"

在三星堆考古队伍中活跃着一批田陈馨这样的年轻人。

"那种喜悦之情会持续一整天"

2019年11月26日,四川省文物考古研究院在开展"三星堆遗址祭祀区考古勘探与发掘"田野工作的过程中发现3号祭祀坑。通过系统性勘探,又相继确认了另外5座

> **拓展阅读**

不同规模的祭祀坑,顺序编号为4至8号坑。2020年1月,国家文物局正式批复了对三星堆祭祀遗址进行主动发掘的申请,确定了通过多学科的合作攻关方式,以精细的工作预案、先进的技术支持、全面的信息提取为理想的方案。8月底,配套的保护大棚、4座封闭式工作舱和各类现场分析实验室相继建设完成。10月9日,考古发掘正式开始。

35家来自南北东西的考古文博以及与文物保护相关的科研院校,共同组成了一支三星堆考古队。北京大学考古文博学院自该项目伊始,就全面投入此次考古工作中。根据项目总体安排,北京大学主要负责8号坑的田野发掘工作。2017级、2018级、2019级的本科生、硕士生、博士生以及2020级的博士后,十几位年轻的学子在老师的带领下轮流参加考古发掘。

8号坑位于三星堆祭祀遗址区的东南部,长5米,宽近4米,面积约20平方米,是三星堆所发现的8座祭祀坑中体量最大的一座。探测显示,8号坑可能埋藏有大量金属器物,一开始给人的期待就非常之大。12月15日,发掘工作正式启动。第一阶段的主要工作是逐步清理坑内上层的棕黄色填土。在现场,我们以60厘米×60厘米的网格进行区块控制,每次以5厘米左右的深度向下清理。对于暴露出的任

> **拓展阅读**

何遗物，小至一粒铜渣，都进行了激光定位测绘和三维扫描记录，以确保每一件文物的出土状态、空间信息、层位关系得到系统记录。

何晓歌是北京大学考古文博学院2019级博士生，曾经参与河南安阳殷墟刘家庄北地遗址、陕西宝鸡周原遗址、陕西澄城刘家洼遗址的调查发掘。在她看来，三星堆此次考古所采用的保护大棚、封闭式工作舱和各类现场分析实验室，虽然少了之前那种"面朝黄土背朝天"或"风餐露宿"的浪漫，但多了严谨和精细，每个人更像一名科技工作者，"每天在恒温恒湿的工作舱中穿戴整齐地发掘、取样和记录，一丝不苟，井井有条，这样的训练让我们受益匪浅。"

2019级本科生刘惠昀说，这次考古让我们明白，只要是做考古，哪里都是第一现场，记录、采样、绘图等基本功样样都得过硬，"工作的内容其实仍然脱不开考古发掘固有的烦琐、枯燥。最开始做记录、采小件时还十分兴奋，而在大量的机械式重复下，那种新鲜感就开始减少。在探方里跪着挖土后膝盖痛了很久，之后即使垫上护膝再进行作业也仅稍稍缓解；在地上坐着写记录，一坐就是一天，屁股也痛得不行。即使如此，在能够跟上老师的思维了解各种发掘方法的利弊、在辨认出地层关系时，在第一次发掘出小小一粒铜渣

> **拓展阅读**

时，那种喜悦之情会持续一整天。"

还是要取决于现场的判断

春节过后，新一轮考古开始。

2021年2月26日，在8号坑向下清理填土的过程中，坑内东南部暴露出第一件可辨识器型的青铜器。专家们确定其为用于悬挂铜铃、龟背形挂饰的支架，这种支架极有可能原本是悬挂在神树一类的大型青铜器上的附件。大家兴奋起来，后来越来越多的遗存出现，都在表明8号坑内的大量文物可能来自青铜神树。

3月10日开始，在8号坑东半部分逐渐暴露出较为密集的大体积红烧土块。我们意识到，这些红烧土块可能来自被烧毁的某种人工设施（如建筑、墙体等）。虽然在视觉感受上，它们无法与精美的青铜器、金器相比，但所能提供的背景信息独特且关键，也提醒我们在后续发掘中要更加注意对可能存在的建筑类遗存的辨识。

果然，3月16日，大家又在祭祀坑中部发现了一段炭化的木料。经过多天的清理，最终确定这是一根长约1米、直径在12厘米左右的木料。多位北京大学的专家都认定这根不起眼的木料在后续检测中的重要性。北京大学教授、中国

怎样让文物活起来

> **拓展阅读**
>
> 碳14测年创始人之一的原思训先生,专门向在发掘现场的北大考古队发信息,提醒在后续的取样和检测过程中需要注意的重要事项。
>
> 纷繁耀眼的文物,往往掩盖了考古人员在考古现场面临破碎的古代堆积时的挑战。此次发掘尽管拥有前所未有的高技术装备的加持,但处理现场遗迹的关键,最终还是要取决于工作人员的分析和判断。
>
> **强大的团队为前方提供支持**
>
> 和学生们一起工作的是北京大学考古文博学院强大的教授团队。孙华教授是此次整个三星堆考古工作的学术顾问。陈建立教授是冶金考古专家,参与出土金属遗物的分析、研究,负责组织协调考古发掘队的总体工作;还有负责系统测年的吴小红教授、从事商周考古研究的曹大志副教授、科技考古专家崔剑锋、新石器考古和田野考古数字化专家张海副教授……年轻的考古队员经常会在工作开始前和老师们一起讨论,提前做好各类预案,以便在清理过程中,根据堆积状态的不同,调整发掘方法。
>
> 3月17日开始,在8号坑西北角清理至距坑口约90厘米深度,土色和包含物开始出现明显变化,棕黄色填土层以

> **拓展阅读**

下新暴露出了黑色的灰烬层，夹杂有大量的炭屑、烧骨渣，这意味着我们即将进入新的堆积层位和新的工作阶段。

蔡宁是北京大学考古文博学院2020级博士后，2011年进入山东大学学习考古学，算考古队伍中的"老新人"了。从本科到研究生，他先后在济南大辛庄遗址、陕西周原、郑州东赵遗址参加过数次发掘，但本次三星堆发掘还是给他带来全新的体验。毕竟对单纯的器物坑进行发掘尚属首次，他白天在现场发掘，晚上抽空就学习三星堆1、2号祭祀坑厚厚的考古发掘报告，还有各种相关论文，收获满满。

3月18日，在8号坑西北部发现了多件保存完整但被挤压变形的小型青铜器，通过对比辨识，发现3件带有扉棱装饰的铜铃。这种铜铃的形制与中原地区二里头文化中的铜铃有着高度的相似性，反映出中原与蜀地在音律方面的共性。接着发现多件石戈，其中一件长约35厘米，宽约10厘米，属于大型礼器，这可能是在填埋过程中有意识的集中抛置。

进入4月，在8号坑的东南区域发现了一处较为集中的玉石器倾倒堆积，出土了超过20件玉石器，包括石戈、石矛等。特别是在紧邻祭祀坑南壁位置，发现一件玉牙璋，长约25厘米，玉料受土沁后呈紫红色，这也是此次三星堆祭

> **拓展阅读**

祀发掘中，发现的第一枚完整的玉牙璋。在二里头遗址所代表的夏王朝晚期，牙璋是核心礼器，辐射四周。在长江流域、珠江流域乃至香港南丫岛都有发现，在三星堆这里发现也不奇怪。

4月16日，考古队已经完成了对8号坑灰烬层的整体堆积形态揭露，发现了高密度青铜器碎片、金箔、玉石器等遗物。在灰烬层表面的绝大部分青铜器都在填埋前被有意识地打碎，破碎度很高，且不少经过了火烧。神树的枝杈、青铜树叶、黄金树叶等精美文物陆续出土。黄金树叶是之前的器物坑未曾出土过的，大家不由得想象它原来的位置和功能。

在三星堆现场，学子们也感受到了网络传播的力量。考古与博物馆学专业2017级本科生张梦婷，在实习季参加过平粮台遗址的发掘和研究。她认为，三星堆遗址的一个特殊性在于它一定程度上处于"半已知"状态，1986年的发掘经验30多年后的今天可以参考，程序设计因而更加精细严谨，大大减少了考古现场的"不可逆"可能造成的遗憾。"大众对三星堆的兴趣也使得此次考古在公众层面得到了更广泛的传播，即时信息的传播缩短了过去田野工作成果转化为大众信息的时间差。"

高度精细化的发掘方式意味着三星堆的考古发掘将是极

拓展阅读

为漫长的过程,这需要现场考古精神长期高度集中。让我们时刻保持严谨和专注的不仅是现场每一次精美文物的发现,更是内心深处对于这项抽丝剥茧探寻文明的"特殊经历"的珍爱。

10

"让更多文物和文化遗产活起来"

金瑞国

习近平总书记在主持中共中央政治局第三十九次集体学习时强调:"文物和文化遗产承载着中华民族的基因和血脉,是不可再生、不可替代的中华优秀文明资源。要让更多文物和文化遗产活起来,营造传承中华文明的浓厚社会氛围。"文物知识和价值传播对于增强历史自觉、坚定文化自信的重要作用日益被大众广泛认同。让更多文物和文化遗产活起来,揭示其蕴含的思想观念、人文精神、道德规范,丰富全社会的历史文化滋养,增强做中国人的志气、骨气、底气,成为广大文博工作者的共同追求。

以新疆和田地区民丰县尼雅遗址一处古墓中发现的汉代织锦为题材创作的舞剧《五星出东方》获得第十七届文华大奖。作品运用艺术想象力激活文物中的故事,其中,"锦绣"汉唐舞、"远古的呼唤"龟兹壁画乐舞等舞段将观众带进历史时空，巧妙地通过不同舞种的融合，体现文化的互融互通。

让文物和文化遗产活起来的例子不胜枚举。绵延200余公里的燕赵长城、秦长城、魏长城和明长城遗迹分布在河北省张家口市崇礼区，为保护距今800多年的太子城遗址而建设的遗址公园位于奥运村。"冰雪·双城·盛会——从1202到2022"主题展览在太子城遗址陈列馆举行，以时空对话的形式，讲述了北京和崇礼的"双城"故事，成功对接当下的古老文化遗产，成为北京冬奥会上最受欢迎的文化元素之一。

构建共同的精神家园

国家典籍博物馆的"《共产党宣言》专题展"、绍兴鲁迅纪念馆的"山河赤子心 岁月峥嵘行——鲁迅与共产党人专题展"、四川广汉三星堆博物馆的"三星堆文物保护与修复陈列"、青海原子城纪念馆的"'两弹一星'精神原子城纪念展览"等被重点推荐为2022年度"弘扬中华优秀传统文化、培育社会主义核心价值观"主题展览。自2015年起，这项活动申报省份实现全覆盖，申报数量不断创下新高。

博物馆是保护和传承人类文明的重要殿堂，是连接过去、现在、未来的桥梁。当前，类型丰富、主体多元、普惠均等的现代博物馆体系基本形成，全国备案博物馆6183家，免费开放率91%。2021年全国博物馆举办展览3.6万个，让文物述说历史智慧，让文明之光照亮民族复兴征程，贯穿在展览的匠心与细节中。

中国的曾侯乙尊盘、长信宫灯、舞马衔杯仿皮囊式银壶、元青花四爱图梅瓶等，与来自40多个国家的陶鸟形来通杯、亚历山大石雕头像、木雕《罗摩衍那》原本等400余件（组）精品文物，荟萃中国国家博物馆的"大美亚细亚——亚洲文明展"。这个展览是亚洲文明对话大会的重要文化活动。"美成在久　日出东方""美在通途　行久致远""美美与共　天下大同""美人之美　礼尚往来"4个部分，以文物为媒介，展示出亚洲历史悠久、文化融合、多元共生的文明特征，彰显亚洲文明之间对话、交流、互鉴的轨迹，反映地缘相近、民心相通、和平共处的亚洲文化。

数以万计的馆藏珍贵文物、重要出土文物得到抢救修复。"万年永宝：中国馆藏文物保护成果展"在2021年"国际博物馆日"中国主会场活动中举办，全面展现馆藏文物保护的中国理念和中国方案。冶炼炉前抢救回的西周青铜器成为国之重器；一件袍的颜色色谱结合文献可以逆向找到自然界中的染色植物；秦始皇陵兵马俑彩绘加固保存展示现代文物良医的高超技艺……"有温度的文物研究、了不起的文保科技、有灵魂的工艺复原"，让观众走近文物背后的科技力量。

展览，以物记事，以事叙史，以史启思。如同一部沉浸式电影，文物是剧中演员，每一件文物都在讲述中华文明故事，构建共同的精神家园。观众观赏每一件文物，如同随着"剧情"发展，穿越历史长河，认知历史、读懂中国。

搭建公众和文化遗产之间的桥梁

《中国诗词大会》《中国成语大会》《中国地名大会》《中国国宝大会》《中国考古大会》等节目深受观众喜爱。文化节目的创新传播，加深了人们对中华优秀传统文化的认知，激活了公众旺盛的文化需求，搭建公众和文化之间的桥梁。

节目《中国国宝大会》以"从国宝读懂中国"为主题，让选手和观众一起通过文博知识竞答，开启文明探索之旅。在一场场知识竞答中，140多家博物馆的近千件文物再度"活起来"，从政治、经济、文化、社会、科技等方面展示中华5000多年的文明成就。首期节目就成功获得答题"大满贯"的园林工人李辰、热爱文物摄影的基层民警张志刚、古代盔甲制作爱好者李江、在中小学开设博物馆课程的教师申珅等选手，正是公众日益走近文化遗产、热爱文化遗产的代表。

文博工作者与文艺工作者创新不怠，不断推出直抵人心的精品力作。节目《国家宝藏》承古人之创造，开时代之生面，邀请"国宝守护人"讲述文物的前世传奇和今生故事，通过艺术化的历史演绎、故事化的情境处理、跨学科的立体阐释，解读中华文化的基因密码。

各地方、各平台的文博类节目不断涌现，《万里走单骑》《登场了！敦煌》《博物馆之城》《文物里的山东》《行走大运河》《何以中国》等节目，深入考古文博的多个领域，让专家学者走到台前，通过与观众的互动，推陈出新、创新表达，让文化遗产穿越时光、融入当下，不断"活起来""火起来"。

通过综合运用电视艺术手段与多元传播方法，曾经深藏在博物馆的文物、遥远而不易接近的大遗址等一步步贴近公众认知，在阐释文化新知、描绘精神图谱中潜移默化、润物无声，进一步推动全社会增强历史自觉、坚定文化自信。

文化遗产保护成为全社会共同的事业

择一业终一生的"敦煌女儿"、三星堆考古现场的年轻人、博物馆兀兀穷年的文物修复师、古村落的非遗传承人、古老长城的守护者……

"考古热""博物馆热""非遗热""文物保护志愿者热""国潮国风"……

越来越多人关注并热爱文化遗产。"国际博物馆日""文化和自然遗产日""互联网＋中华文明"行动等，共同阐释着文物由人民创造、为人民享有、被人民传承的理念。

"根·魂——中华文明物语"特别展览亮相 2019 年"国际博物馆日"，用 30 件（套）文物勾勒中华文明波澜壮阔的发展历程，将每一件文物还原于历史的时空坐标中，多维度解读材质造型、技术工艺、艺术审美、功用精神，全方位展示文物蕴含的时代风貌、社会生活、文化传统、交流合作。例如，"驿使图"画像砖从酒泉与丝绸之路谈起，拓展到中国历代通信方式与保密措施，以及从古代交通工具的演变发展一直讲到当代的微信和高铁。展览通过对历史文物和典籍的拓展延伸，管窥辽阔星空里的璀璨星光，以及未曾改变的中华气质。

"互联网＋中华文明"行动围绕中国历史、革命文化、世界遗产等重大主题，布设文物教育、文创开发、素材再造、动漫游戏、主题旅游等项目。吸引文博单位、高等院校、科研机构、高新技术企业广泛参与，共同发掘文物价值，合力深化互动共享，推动文物数字资源汇成海量、盘活存量、扩大增量、激发变量，让中华优秀传统文化插上互联网的翅膀，不断焕发新的光彩，在"云端"拥抱无限可能。

每年的"文化和自然遗产日"，都是一个城市的文博盛会。2022年，文博单位和社会各界一起推出的线上线下活动有6300余项，让文物保护利用与时代共进、与人民共享，反映了文物见证时代风华、展现时代风采、滋养时代生活、助力时代发展的丰富内涵。

文物，记录过去，映照当下，启迪未来。文物所承载的中华文化精神，始终在滋养着我们。挖掘文物价值，讲好中国故事，推动中华优秀传统文化创造性转化、创新性发展，让中华文脉永续传承，永无止境。

《人民日报》2022年10月2日第8版

拓展阅读

让历史文物"活起来"

周人杰

既要保护历史文物，又要保障经济发展，如何坚持原则、坚决保护？怎样实事求是、开发利用？20多年前，时任福建省代省长的习近平同志，对万寿岩遗址两次批示，采取措施将文物抢救出来、整体保护，成为处理文物保护与利用问题的一个生动样本。

文物承载文明与文化，维系着民族精神与时代价值，理应依法受到保护。被业界誉为"南方周口店"的福建三明万寿岩旧石器时代遗址，曾获评2000年度"全国十大考古新发现"，把古人类在福建生活的历史提前至约18.5万年前。珍贵历史文物"不仅属于我们，也属于后代子孙"。对于事关全局利益与长远发展的文物保护，切不能只算经济账、眼前账、局部账，任何个人和单位都不能为了谋取眼前或局部利益而破坏全社会和后代的利益。正如习近平同志当年批示所要求的，"必须认真妥善地加以保护"。

具体的文物保护工作，确实常常与地方推进经济发展存

> **拓展阅读**
>
> 在一定矛盾，有的可能"耽误"矿产开采，有的可能"妨碍"土地资源盘活，有的还可能"影响"工业园区建设。据测算，叫停万寿岩矿体开采，对企业造成经济损失有6000多万元。这可不是一笔小钱，直接关系到企业效益与区域发展。然而，经济发展可以转型，文物资源不能再生。历史文物一经破坏，便难以修复，损失无法计量。所以，在处理文物保护与经济发展关系上，保护永远是第一位的，来不得半点含糊。
>
> 人们常说，文物保护是"功在当代、利在千秋"。其实，"利"同样在"眼前"。在加强保护前提下对历史文物进行科学开发和利用，完全能兼顾社会效益与经济效益。一方面，相比文物的单一与脆弱，经济建设所需资源禀赋，大都具有不同程度的可替代性，下功夫去寻找去改变去升级，总会有解决办法和出路。另一方面，文物保护不等于单向度付出、投入。万寿岩遗址如今已建成国家考古遗址公园，是独树一帜的遗迹展示、教育与研究基地，按文化旅游融合思路去开发，同样产生一定的经济效益，有利于化解资金压力、创造新的增长点。不为短期利益蒙蔽，算大账、长远账，完全能够做到"文物保护和发展生产两不误"。
>
> 从这个意义上讲，历史文物的保护与利用，是一体两面

拓展阅读

的辩证关系。前半篇文章讲保护，是"让文物活下去"；后半篇文章谈利用，就是"让文物活起来"。保护是利用的前提，保护好才能利用好；利用是保护的拓展，利用好是为了更好保护文物、传播文化，更有效提升文物保护意识。近年来各地博物馆借助网络"走出去"，历史文化景区开展研学旅行、体验旅游，文创产品蓬勃兴起，都是文物保护与利用相得益彰的成功案例。把"文物保护与利用"通篇文章写精彩，必须精准把握好舍与得、破与立的关系，该关停的影响保护的发展项目必须坚决叫停，该拓展的价值利用项目一定要积极推进。

习近平总书记多次强调，文化自信是更基础、更广泛、更深厚的自信，是更基本、更深沉、更持久的力量。保护文物是历史赋予我们的文化使命，锻造文化自信是时代赋予我们的神圣职责。全社会共同努力，在保护和利用文物中激发穿越时空、直击人心的文化力量，一定能留住文化之根、守住历史之脉，为实现中华民族伟大复兴的中国梦凝魂聚力。

承载灿烂文明　传承中华文化

燕海鸣

习近平总书记在党的二十大报告中指出："加大文物和文化遗产保护力度，加强城乡建设中历史文化保护传承，建好用好国家文化公园。"中国的世界遗产既是坚定文化自信、凝聚民族精神的文明瑰宝，也是深化文明交流互鉴的重要载体。

2021年，"泉州：宋元中国的世界海洋商贸中心"成为中国第56处世界遗产。从2012年澄江化石遗址和元上都遗址列入《世界遗产名录》算起，十年间中国增加了15项世界遗产，总数达到56项，居世界第二。作为世界遗产大国，中国始终践行新发展理念，不断提高遗产保护能力和水平。

诠释丰富多彩的中华文明

这十年，我们不断讲述着一个有着悠久历史的农耕文明从起源到演变的故事。

东南沿海地区，浙江余杭良渚古城遗址展示了新石器时代晚期以稻作农业为支撑、具有统一信仰的早期区域性国家；西南山地之间，哈尼族人民创造了由森林、水系、梯田和村寨组成的"四素同构"耕作体系。它们共同见证着古老的稻作文明。

如果说，良渚古城遗址实证了中华5000多年文明史，代表着悠远与传统，那么福建的鼓浪屿则作为年代最晚近的世界遗产，表现着中华文明年轻的一面——敞开怀抱、吸纳四面八方的新鲜事物。这里有闽南居民、外国侨民和还乡华侨共同营建的生活空间，还通过学校、医院、银行、邮局，成为近代文化在中国传播的纽带。

广西崇左的左江沿岸，古代骆越人在崖壁上绘制岩画。崖壁好似一块块巨大的幕布，映射出中国人对于山水的独特理解。而天山、可可西里、梵净山等自然遗产，也都是中华山水的杰出作品。这些人文精神与自然景观交织的遗产，带给全世界独特的审美体验。

2014年，"丝绸之路：长安—天山廊道的路网"和大运河同时列入《世界遗产名录》。这两个大型线性遗产是跨越千山万水的历史遗存，填补了我国世界遗产类型的空白。丝绸之路和大运河的中国故事穿越古今，至今仍在谱写活跃的乐章，生动地告诉世界，尽管地理空间局限，地形地貌复杂，文明交流、交融的步伐从未停止。正在申遗进程中的海上丝绸之路、万里茶道等项目，也在不断书写中国与世界交流相融的故事。

这十年,《世界遗产名录》不仅增加了 15 项中国的遗产,而且更加完整地向世界展示了一个开放包容、充满创造力和生命力的文明古国。

中国经验与中国方法赢得赞誉

十年中,中国对于世界遗产项目的保护与管理不断完善,备受关注。

世界遗产的完整性、真实性等原则,早在 20 世纪 60 年代评定全国重点文物保护单位时就已经体现。可以说,世界遗产保护理念进入中国的过程,是国际框架与中国方法相互印证和结合的过程。"坚持保护第一,在保护的基础上研究利用好",一直是中国进行世界遗产保护的宗旨。

至今,中国已建立起以《中华人民共和国文物保护法》为基本,与世界遗产保护的国际宪章相衔接,以各级法规、规划为支撑的世界遗产保护法规规划体系。根据条块结合、属地管理的国情,世界遗产在中国的保护管理机制,既有中央政府和地方政府的配合,也有各部门之间的协调配合。以承德避暑山庄及周围寺庙、大足石刻千手观音造像等为代表的重大保护项目,长城、大运河等国家文化公园建设等,一方面通过全面改善遗产本体和周边环境的保护状况,促进了当地经济社会的全面发展;另一方面通过挖掘展示其丰富内涵,成为坚定文化自信、凝聚民族精神的文明瑰宝。

中国通过积极参与世界遗产保护相关事务,为世界遗产保护提供了中国方法。例如,世界遗产监测,由于遗产数量多、地理分布广、保护管理条件复杂,中国从国家层面进行统一规划,在制度规范等方面进行一系列有益探索。依托中国世界文化遗产监测预警总平台,建立起联系国家、省区市、遗产地三个管理层次的监测预警体系,并形成了年度报告、年会、移动端平台等一系列手段。这一套监测体系的独创性和实施力度,为世界各国进行世界遗产监测提供了宝贵经验。

我们的人员和技术走出国门,参与援助其他国家的国际合作境外保护修复项目,展现了中国的文物保护理念和技术水平。中国文化遗产研究院和国际文化财产保护与修复研究中心(ICCROM)合作,连续多年举办关于世界遗产管理的国际培训,培养了近百名国内外学员,其中一半是其他国家世界遗产地的实际管理者。

让世人领略世界遗产之美

走进世界遗产,领略世界遗产之美,成为很多人的选择,更成为青少年成长中的宝贵经历。

2021年的国际古迹遗址日,故宫举办了一场"我在故宫画彩画——听障青少年走进文化遗产地"活动。15名听力障碍青少年走进故宫,向专家学习古建筑彩画知识,还充分发挥自己的想象力,绘制出宝珠吉祥草、灵芝纹等彩画样式。面对来自国家文物局、故宫博物院和中国古迹遗址保护协会的专家,他们毫不胆怯,就彩画的等级、不同时期的彩画风格等话题与专家进行了热烈互动,充分感受文化遗产带来的愉悦。世界遗产之美就这样进入他们心中,帮助他们更好地融入社会生活,创造丰富多彩的人生。

承载灿烂文明　传承中华文化

这十年是可持续发展的十年。在纪念《保护世界文化和自然遗产公约》（以下简称《世界遗产公约》）通过50周年活动上，可持续发展、社区、以人为本等概念被不断提及。通过保护世界遗产让生活变得更好已经成为共识。沧浪亭里的园林版昆曲《浮生六记》、拙政园中的时空长廊夜游《拙政问雅》，将古典造园美学款款激活。鼓浪屿通过家庭乐队、社区足球、百年诗社等方式，让曾经的中西融汇、宜居家园，在四季烟火里延续。

在可持续发展理念与世界遗产保护的结合上，中国一直是脚踏实地的行动者。比如，良渚古城遗址周边的良渚文化村，作为杭州近郊以文化、生态和休闲旅游为特色的小镇，与良渚申遗进程同步发展，孕育出了世界遗产和居住社区和谐共存的模式。再如，几位青年学者在开平碉楼创立的"仓东计划"，通过修缮历史建筑，重塑公共空间，建设出兼具乡景、乡业、乡情的世界遗产社区。又如，通过大运河申遗，沿线城乡百姓的生活环境得到了极大提升。

保护好、传承好、利用好世界遗产，是人类文明赓续和世界可持续发展的必然要求。中国是世界遗产大国，始终坚守加入《世界遗产公约》时的承诺，践行新发展理念，不断提高遗产保护能力和水平。那些向人们讲述多彩中华文明的世界遗产，那些生活因申遗而变得美好而富足的百姓，那些自由享受文化遗产之美的孩子们，都是世界遗产保护的真正意义所在。

《人民日报》2022年11月26日第6版

拓展阅读

既让文物活起来　更让文物火起来

李　彦

随着三星堆遗址再出土包括完整金面具、青铜"神坛"、神树纹玉琮等在内的500多件珍贵文物，国宝相关话题又一次引发广泛关注。为了让国宝花式活起来，相关机构、媒体和广大网友可谓脑洞大开，每次都能掀起国宝火起来的新高度。

"三星堆版堆堆明天不上班""三星堆出土青铜小立人翘着兰花指""三星堆人不仅有鞋子可能还有皮鞋""三星堆蜀人的厨房用品""三星堆文物撞脸经典表情包""三星堆出土直发冲天青铜人像"……三星堆简直是文物界的"顶流"，其"一举一动"都能引起轰动效应。看着一连串有关珍贵文物的热搜，很难不让人对比之前"大瓜云集"的热搜榜。国宝火起来既是历史文物和中华民族优秀传统文化逐渐深入人心的外在表现，也是持续开展"清网"行动后网络环境持续向好的直观反映。

拓展阅读

保护文物功在当代、利在千秋

一个民族的复兴需要强大的物质力量，也需要强大的精神力量。文物承载灿烂文明，传承历史文化，维系民族精神，是老祖宗留给我们的宝贵遗产，是加强社会主义精神文明建设的深厚滋养。我们必须要把凝结着中华民族传统文化的文物保护好、管理好，同时加强研究和利用，让历史说话，让文物说话，在传承祖先的成就和光荣、增强民族自尊和自信的同时，谨记历史的挫折和教训，以少走弯路、更好前进。保护文物功在当代、利在千秋。

近年来，在文物保护方面，党和国家不仅反复重申文物保护、管理和利用的重要性，而且对激活中华文明的生命力，提出了具体方向，要求把跨越时空、超越国度、富有永恒魅力、具有当代价值的文化精神弘扬起来，让收藏在博物馆里的文物、陈列在广阔大地上的遗产、书写在古籍里的文字都活起来，为人类提供正确的精神指引和强大的精神动力；而且还明确要求各级党委和政府增强对历史文物的敬畏之心，树立保护文物也是政绩的科学理念，统筹好文物保护与经济社会发展，全面贯彻"保护为主、抢救第一、合理利用、加强管理"的工作方针，切实加大文物保护力度，推进文物合理适度利用，使文物保护成果更多惠及人民群众。

怎样让文物活起来

拓展阅读

在此背景下,让文物活起来、火起来已经逐渐成为各级文物部门、博物馆、展览馆等的基本遵循。如今,走进各类博物馆、展览馆,除了能看到橱柜里陈列的文物实物,还能在各种声光电营造的逼真大场面、视频音效作用下还原的历史场景、循环播放的珍贵画面中穿越到遥远的历史现场,与前人对话,与历史对话。这类陈设早已成为稍具规模的博物馆、展览馆的标配。不仅如此,在《如果国宝会说话》《我在故宫修文物》等聚焦文物的节目带动下,我们看到了越来越多的脑洞大开的新奇尝试,真正让国宝、文物动起来、活起来,在年轻人熟悉的话语体系中、喜闻乐见的文娱活动中彰显魅力与亲和力。经过多年的努力,国宝、文物逐渐走进了年轻人的生活和世界,这也是国宝、文物频频引发网络联欢的原因所在。

国宝活起来成网友间的自娱比赛

简单梳理本次三星堆再上新引发的微博话题和热搜,能够一窥广大网友的兴趣点所在。"三星堆首次出土完整金面具""三星堆发现国宝级文物青铜神坛""三星堆本次发现有多重要""三星堆修复师三成是90后""三星堆陶器是姜文本文吧""三星堆发现一金器形似锅铲""三星堆博物馆回应

既让文物活起来 更让文物火起来

拓展阅读

文物撞脸奥特曼""三星堆文物撞脸经典表情包""三星堆诸葛亮"……从新出土的文物价值到文物保护行业从业人员的年轻化等都是网友比较感兴趣的点，尤其是文物的外形，常常因其形似熟悉的人或物而格外引人关注，这也为文物保护和宣传提供了新的思路。

从三星堆 2021 年 4 月上新到 9 月再上新掀起网友自娱比赛，时隔不到半年，而网友的热情有增无减。连续多日的相关热搜一定程度上反映出，在年轻人聚集的网络空间，文物相关话题越来越受到关注。究其原因，一方面，近年来让国宝说话，让文物活起来的种种尝试得到了年轻人的认可，尤其是各种线上传播深得人心；另一方面，新青年的审美趣味不断提高、文化自信和民族自豪感逐步增强等也是重要原因。

回看近年来让文物活起来的经典案例，简直数不胜数。例如，央视推出《我在故宫修文物》《国家宝藏》《如果国宝会说话》等纪录片和节目，推动了珍贵文物以及文物保护相关职业、国宝冷知识的破圈；河南卫视推出《唐宫夜宴》《洛神水赋》《中秋奇妙夜》等，用新颖的创意、绝美的形式、深厚的底蕴诠释了文物活起来何其动人。然而，关于文物活起来的创意是无止境的，尤其在广大网友的自觉助力下，年轻人的热情追捧下，新形式、新花样层出不穷，国宝

拓展阅读

俨然晋升为"顶流"。

以三星堆为例,无论是以地方特色,如方言、说唱等趣味讲解文物,还是推出相关潮流服饰、雪糕等文创产品,把文物穿身上,吃肚里,都是屡试不爽的经典玩法。这些举措在保护、传承千年文化遗产的"意义"之外,还着重考虑了"有意思""好玩"。洛阳博物馆再次探索新形式受到广泛欢迎,创意团队结合时下最火的游戏,推出了一款融入洛阳博物馆馆藏文物的剧本杀《洛阳东风几时来》,通过数字化技术,使得"晋归义胡王"金印、透雕龙纹玛瑙璧、金狮串饰等文物在游戏中活起来,让人惊呼脑洞清奇,吸引了大批年轻玩家在游戏世界中感受中华文明的古老魅力。

文物热搜多一点,娱乐"大瓜"少一点

三星堆再上新期间,文物相关趣味话题成热搜榜常客,不禁让人想到不久前不同平台的热搜榜上"大瓜云集"的热闹景象。长期以来,新闻热搜榜几乎等同于娱乐榜,点进去几乎全是各路明星鸡毛蒜皮的小事。因此,各大平台的热搜榜也常被人质疑受到操控,人为控评。

2021年9月,中宣部印发《关于开展文娱领域综合治理工作的通知》,明确要求压实平台责任。严格各类热搜榜单

既让文物活起来　更让文物火起来

拓展阅读

管理，优化内容推荐算法。这在很大程度上对热搜榜和互联网环境起到了净化作用。

文物热搜多一点，娱乐"大瓜"就会少一点，如何让更多的文物相关新闻和话题成为热搜常客，仍是需要深思的问题。根据已有成功经验，打造文物相关IP是聚人气、聚流量的制胜法宝。例如，河南卫视推出的《唐宫夜宴》火了之后，河南博物院迅速上线了《唐宫夜宴》展览，并与相关平台联手发起"唐宫夜宴手绘大赛"活动。唐宫夜宴版仕女乐队系列的盲盒成为爆款文创产品，手绘版、泥塑版、皮影版、表情包版等多种形态的"唐宫小姐姐"收获了大量粉丝。这一IP甚至还带动了多家酒店在环境打造、接待服务、客房布置等环节融入"唐宫小姐姐"文化元素，逐渐形成一条完整的产业链。

IP既是人气，也是热搜话题的有力保障。然而，打造文物IP首先要有创意打头阵。同样是让文物活起来，为什么偏偏是《国宝会说话》打开了各地博物馆镇馆之宝的"嘴"；为什么偏偏是《唐宫夜宴》激起了文物"跳舞"的兴致；为什么偏偏是河南博物院的"考古盲盒"带动年轻人扛起了"洛阳铲"，答案就是创意。洛阳博物馆把文物带进了"剧本杀"，是否还能带进密室？三星堆让文物玩起了说唱，能否让

拓展阅读

它讲段脱口秀？西安推出了兵马俑雪糕，月饼可否一试？只要脑洞够大，符合年轻人的口味，文物出圈似乎不是难题。

当然，文物出圈不是最终目的，而是通过趣味性的引导，让更多人关注文物所承载的灿烂文明、历史文化和民族精神，传承祖先的成就和光荣、增强民族自尊和自信。因此，仅仅围绕文物撞脸狂欢还不够，认识它、了解它、读懂它背后的意蕴才是最终目的。

12

让传统文化资源焕发生命力、发挥新作用

王旭东

用雄健有力的舞姿，复现《昭陵六骏图》卷中骏马的神韵；借音乐剧形式，演绎《快雪时晴书画合璧》卷蕴含的浓浓师生情谊；将《竹石图》轴中的画面化为"实景"，营造富于象征的东方美学意境……2022年8月，中央广播电视总台联合故宫博物院、北京师范大学、中央美术学院、中国美术馆等单位，共同推出大型文化节目《诗画中国》，引发观众热议。

中华文明如万古长河，奔流不息。几千年来，诗笔与画笔一直记录着山河的景象，传承着民族的精神血脉。《诗画中国》受到欢迎并非偶然。近年来，故宫博物院与多家机构合作，连续推出纪录片《我在故宫修文物》、舞蹈诗剧《只此青绿》、儿童剧《甪端》等，在

实践中推动中华优秀传统文化的创造性转化和创新性发展。

党的二十大报告提出："坚持为人民服务、为社会主义服务，坚持百花齐放、百家争鸣，坚持创造性转化、创新性发展"，这为新征程上推进文化自信自强、铸就社会主义文化新辉煌指明了根本方向，提供了重要遵循。

建立与时代精神的共鸣

坚持中华优秀传统文化的创造性转化、创新性发展，我们应寻找传统文化与时代精神、现代价值之间的契合点，从传统文化资源中提炼适应时代需要的思想精髓与审美特质，建立与时代精神的共鸣，让传统文化资源焕发生命力、发挥新作用。

故宫博物院一直在做这方面的努力。把馆藏文物资源进行数字化转化，通过现代化阐释将学术成果转变成受群众欢迎的文创产品以及影视和舞台艺术作品，让藏在博物馆里的稀世珍品亮相荧屏，努力在时代的舞台上展现出文物的价值。

以《诗画中国》为例，故宫博物院30余幅书画藏品在节目中获得惊艳亮相、精彩展示。在藏品的选择上，我们特别注重与当下的关联。香港回归祖国25周年之际，香港故宫文化博物馆正式开放，从北京故宫精选出的900余件藏品在港展出，其中有鲜少与观众见面的《江山秋色图》卷。《诗画中国》展示了这幅图卷，邀请香港故宫文化博物馆馆长吴志华见证，由香港演员和香港学生代表用粤语和普通话朗诵《次北固山下》，配合香江、维多利亚港的唯美风光，展现出"潮平两岸阔，风正一帆悬"的意境，成为时代的见证。

藏品的呈现方式同样充满时代特质。裸眼 3D、全息影像等前沿科技和影视化拍摄等制作形式，构建了一个基于画作又高于画作的视觉世界。音、舞、诗、画等艺术形式的结合，传统舞台艺术与电视艺术、视频形式的融合，文艺理念与数字科技的优势互补，共同为观众带来更强烈的沉浸感和别样的审美体验。

《诗画中国》是文化创新传承、艺术创新表达、传播创新方法的有益尝试。从中不难发现，结合历史研究、文物研究讲出深度和哲理，结合文艺创作、先进技术创新形式和载体，结合当代人的精神需求和现实生活增添价值和趣味，可以在更高维度上实现中华优秀传统文化的返本开新。

与文化宝藏建立"超链接"

"坚持以人民为中心的创作导向，推出更多增强人民精神力量的优秀作品"，需要在文物与人民群众之间架起多元、便捷的沟通桥梁。坚持以人民为中心，文博机构守护历史、传承文明、弘扬文化的职能才能得到更好发挥。

故宫博物院坚持从公众需求出发，展陈中华风物，弘扬优秀文化，讲好中国故事。这些年，从"石渠宝笈"到"千里江山——历代青绿山水画"，从"丹宸永固——紫禁城建成六百年"到"敦行故远——故宫敦煌"，从"众生百态——故宫博物院藏历代人物画"到"照见天地心——中国书房的意与象"，一系列专题文物文化特展得到专业人士和广大观众的好评。

数字化传播有助于拉近公众与文物的距离、加深人们对文化遗产的认知。故宫博物院一直高度重视数字故宫建设，不断加强故宫古建筑和院藏文物的数字化采集工作，建设数字故宫资源库。从2020年开始，我们每年采集7万到7.5万件文物信息，现在已公开发布8.3万余件文物影像。我们还建立了"全景故宫""数字多宝阁""故宫名画记"等展示平台以及"故宫博物院"小程序、"每日故宫"应用程序等，积极把博物馆搬上"云端"，实现保护成果的开放共享。"发现·养心殿——主题数字体验展"《清明上河图3.0》高科技互动艺术展""'纹'以载道——故宫腾讯沉浸式数字体验展"等数字展览备受欢迎。

近年来，故宫博物院利用自身文旅资源研发各类文创产品，力求更好地满足公众多元的文化消费需求。《故宫日历》很好地将传统文化融入日常生活，成为公众每年都会期待的陪伴；创意互动解谜书《谜宫》系列、童书《我要去故宫》《了不起的故宫宝贝》等，针对特定受众采用特定表述，让传统文化以更具亲和力的形式呈现在公众视野中；以《千里江山图》为主题的文具、茶具、饰品、沉浸式数字展演等，从多个层面实现了传统文化在创新中的传承。

这一系列努力，开拓了故宫优秀传统文化传播的新方式、新局面，让收藏在博物馆里的文物，真正走进了人民群众的日常生活。

风从东方来，潮涌新时代。推动中华优秀传统文化创造性转化、创新性发展，激发以文化人的精神力量，增强文化自信，丰富人民美好生活，增强民族精神力量，是文化工作者共同的责任。我们一直在路上！

《人民日报》2022年12月3日第8版

拓展阅读

让革命文物活起来
让红色基因代代传

林绪武

革命文物是革命精神和红色文化的重要物质载体，以无声的形式向人民群众讲述着"红色政权是怎么来的、新中国是怎么来的、今天的幸福生活是怎么来的"。

据国家文物局数据，截至 2021 年 5 月，全国共有不可移动革命文物 3.6 万多处，国有馆藏可移动革命文物超过 100 万件（套）。加强革命文物保护利用，弘扬革命文化，传承红色基因，是全党全社会的共同责任。如何把革命文物保护好、管理好、运用好，发挥好革命文物在党史学习教育、革命传统教育、爱国主义教育等方面的重要作用，激发广大干部群众的精神力量，信心百倍为全面建设社会主义现代化国家、实现中华民族伟大复兴的中国梦而奋斗，笔者对北京市的系列举措进行了观察和思考。

> **拓展阅读**

科学保护，让革命文物有个"家"

革命文物保护人士常说，文物必须进行精细的整理之后对外公开，才能教育后人。做好收集、整理、修复、展览、研究等一系列保护管理工作，革命文物才能有个"家"，红色基因才能更好地代代相传。

据统计，北京现有不可移动革命文物158处，可移动文物2111件（套）。其中，全国重点文物保护单位18处，一级文物1974件（套）。丰富的革命文物资源，是北京光荣革命传统的见证，反映了北京厚重的红色文化底蕴。为做好革命文物的保护工作，推动革命文物保护和红色文化建设形成新高地，北京市做了大量工作。

首先，北京市进行了高水平的革命文物资源专项调查，系统评估不可移动革命文物保护现状，建立了资源目录和数据库。北京市在2021年公布首批革命文物名录后，还在继续推动核定公布北京市第二批革命文物名录。通过编制实施不可移动革命文物五年修缮计划，推进天安门、北京大学红楼、卢沟桥（宛平城）等一批代表性革命文物保护规划编制工作。加强可移动革命文物征集，推进全市馆藏革命文物认定、定级、建账和建档工作，取得了显著成效。

其次，北京市实施革命文物集中连片保护，形成了首都

拓展阅读

红色文化弘扬传承的重点品牌。近年来，北京市不断完善红色资源保护利用体制机制，相继印发《关于加强革命历史类纪念设施、遗址和爱国主义教育基地工作的实施意见》、《北京市关于推进革命文物保护利用工程（2018—2022年）的实施方案》和《北京市推进全国文化中心建设中长期规划（2019年—2035年）》等规范性文件，着力保护好、管理好、运用好红色资源，显著改善了革命文物保护状况。通过集中连片保护，形成了以北大红楼及周边革命旧址为代表的建党文化资源，以卢沟桥和宛平城、中国人民抗日战争纪念馆为代表的抗战文化资源，以香山革命纪念地和香山革命纪念馆为代表的创建新中国文化资源三大红色片区，并推进了对原平西、平北等革命旧址的传承和保护工作，产生了极大的社会影响。当然，在革命文物保护过程中，也有个别区域囿于资金、人力，存在一定不足。因此，相关资源还需要适当向北京市郊区革命文物倾斜，最大限度地实现革命文物的保护目标。

活化利用，用好革命文物这一"生动教材"

革命文物承载党和人民英勇奋斗的光荣历史，记载中国革命的伟大历程和感人事迹，是党和国家的宝贵财富，是弘

怎样让文物活起来

> **拓展阅读**
>
> 扬革命传统和革命文化、加强社会主义精神文明建设、激发爱国热情、振奋民族精神的生动教材。
>
> 2021年6月29日,在庆祝中国共产党成立100周年之际,"光辉伟业 红色序章——北大红楼与中国共产党早期北京革命活动主题展"在北大红楼正式与公众见面。此外,先后与观众见面的,还有集中保护修缮的中国共产党早期北京革命活动旧址共31处。展览及相关革命文物生动诠释了中国共产党是怎么来的、中华人民共和国是怎么来的,为公众上了一堂鲜活而又生动的党史课。
>
> 近年来,北京市立足自身资源优势,立足三大红色片区,用好革命文物、红色典籍、纪念设施、红色剧目等红色资源,充分运用革命旧址、博物馆、纪念馆、展览馆和各类纪念设施,就近就便开展体验教学、主题党日等活动,因地制宜开辟"第二课堂",让旧址遗迹成为"党史教室",让文物史料成为"党史教材",让英烈模范成为"党史教师",活化利用革命文物,讲好党的故事、革命的故事、英雄的故事。例如,北京市西城区通过盘活老胡同等资源打造立体博物馆、开展"骑寻红色地标"活动等,还通过组织专题展览、主题讲座、沉浸式演出等多种活动,让红色文化资源成为革命教育的重要课堂。据了解,北京市拥有的市级及以上

让革命文物活起来　让红色基因代代传

> **拓展阅读**

爱国主义教育基地已经达到206家。其中，全国爱国主义教育示范基地42家，红色文化类教育基地60余家，成为开展爱国主义教育和革命传统教育的重要阵地。

当然，革命文物资源的利用也存在一定的不均衡情况。这也需要各区域结合自身优势，探索尝试新路径。比如依托革命旧址、纪念馆、博物馆等革命传统资源发展红色旅游，既能满足人民群众出门旅游、感受祖国大好河山的美好需求，又能满足人民群众学习革命历史、感受革命文化的强烈愿望，逐步成为旅游发展新亮点。一些区域还可以结合乡村振兴战略，系统规划红色乡村旅游线路，实现革命文物利用与乡村振兴协同发展。

宣传展陈，让革命文物更加深入人心

2021年，电视剧《觉醒年代》播出后，北大红楼、李大钊故居、《新青年》编辑部旧址、北京鲁迅博物馆等迅速"出圈"，这成为北京革命文物及纪念地因优秀文艺作品而"走红"的经典案例。同时，北京诸多革命纪念地利用新媒体平台推介革命文物，让革命文物由特定的纪念馆走向人民群众尤其是走进青年人的视野。这也启示我们，新媒体时代，北京革命文物及纪念地的宣传，必须要与新媒体技术结

怎样让文物活起来

> **拓展阅读**
>
> 合,与时代精神共振。
>
> 如何通过文艺创作讲好党的故事、革命的故事、根据地的故事、英雄和烈士的故事,加强革命传统教育、爱国主义教育、青少年思想道德教育,把红色基因传承好,这是重要的时代之问。
>
> 近年来,北京市立足革命文物推出了一大批优秀文艺作品。例如,话剧《香山之夜》在香山公园双清别墅进行实景演出,让革命文物及其承载的红色文化直击人心。而电视剧《香山叶正红》的热播更是吸引了大批观众来到香山脚下的香山革命纪念馆,通过进京"赶考"的吉普车、渡江战役中的小木船、开国大典上威武的礼炮看见历史,净化心灵。
>
> 借助文艺创作以及互联网技术,全景、动态呈现革命文物样态与历史,是增强革命文物吸引力与传播力的有效途径。北京市已有相当部分革命文物及纪念地管理单位设置新媒体宣传平台,积极主动"发声",不断输出优质内容,加强革命文物的宣传推广。当然,这些还不够,相关各方还需要不断尝试拓展人民群众线下互动式体验的空间,推广参观革命文物及纪念地的"打卡"、集章等活动,既有效宣传革命文物背后的历史和故事,也提升人民群众的参与感、融入感和获得感,以此吸引更多群体走进革命纪念地、走近革命

拓展阅读

文物，实现革命文物线上线下的宣传互动，最终提高革命文物宣传的实效性。同时还要围绕党和国家重要时间节点和重大战略，举办系列展演展览展示活动，让鲜活生动的革命故事、有血有肉的英雄模范、催人奋进的伟大精神绽放文艺舞台、见诸笔端画板、闪耀展览展演、走进观众心里。

让大运河文化在新时代绽放出璀璨光彩

张环宙

习近平总书记强调:"大运河是祖先留给我们的宝贵遗产,是流动的文化,要统筹保护好、传承好、利用好。"大运河作为流动的文化遗产,是中华民族繁荣兴盛的历史见证,也是一部书写在华夏大地上的宏伟诗篇。我们要深入挖掘和丰富大运河文化内涵,不断创新保护传承利用的方式方法,努力建好大运河国家文化公园,让大运河文化在新时代绽放出璀璨光彩。

党的十八大以来,习近平总书记高度重视我国历史文化遗产保护利用工作,要求深入挖掘以大运河为核心的历史文化资源,把大运河文化遗产保护同生态环境保护提升、沿线名城名镇保护修复、文化旅游融合发展、运河航运转型提升统一起来,为推进大运河文化保护传承利用指明了方向。

深入推进大运河文化保护传承利用，有利于打造中华文化重要标志，进一步坚定文化自信，充分彰显中华优秀传统文化持久影响力、社会主义先进文化强大生命力。大运河地理空间跨度大，延续使用时间长，文化遗产资源多，经济社会发展基础好。大运河文化积淀着我国劳动人民的伟大智慧和勇气，传承着中华民族的悠久历史和文明，为运河两岸经济社会发展提供了丰厚的文化滋养。让古老大运河焕发时代新风貌，对于打造宣传中国形象、展示中华文明、彰显文化自信的亮丽名片具有积极意义。我们要正确把握保护、传承、利用三者之间的辩证关系，紧密结合人民群众精神文化需求，深入挖掘大运河文化的精神内涵和时代价值，在创新保护传承利用方式方法上下功夫。

深入挖掘和丰富大运河文化内涵。习近平总书记指出："要古为今用，深入挖掘以大运河为核心的历史文化资源。"大运河沿线城市因运河而生、随运河而兴，孕育出丰富的水运文化、贸易文化、乡土文化、城市文化、生态文化等宝贵文化资源。然而，长期以来，大运河系统性、全方位的遗产保护和文化展示不足，保护、挖掘和阐释大运河所承载的丰厚优秀传统文化不够。随着《大运河文化保护传承利用规划纲要》《长城、大运河、长征国家文化公园建设方案》《大运河国家文化公园建设保护规划》的颁布实施，大运河文化的保护、挖掘和阐释工作逐步加快。沿岸城市致力于将大运河打造成为彰显千年历史的文化印记、滋润美好生活的文化力量、凝聚民族精神的文化精髓，大力传承和弘扬大运河所蕴藏的民族团结追求统一、勤劳勇敢自强不息、开放包容兼收并蓄、人与自然和谐共生等时代精神。

当前,深入挖掘和丰富大运河文化内涵,深入阐释和生动展现大运河在推动中国历史和中华文明发展演进中的重要作用,具有十分重要的意义。要以大运河沿线一系列主题明确、内涵清晰、影响突出的文物和文化资源为基础,聚焦重大思想文化问题开展深度研究,生动呈现大运河文化的独特创造、价值理念和鲜明特色。坚持社会主义先进文化发展方向,深入挖掘文物和文化资源精神内涵,充分体现大运河文化中蕴藏的中华民族伟大创造精神、伟大奋斗精神、伟大团结精神、伟大梦想精神,并使之焕发出新时代风采。加强大运河文化系统研究,整理挖掘沿线文物和文化资源所荷载的重大事件、重要人物、重头故事,构建与大运河国家文化公园建设相适应的理论体系和话语体系。同时,大力培养专业研究人才队伍,推进大运河文化研究机构建设,通过持续抓好重大项目、重点项目,不断提升大运河文化研究的规模和质量,为挖掘和丰富大运河文化内涵提供有力保障。

不断创新保护传承利用方式方法。习近平总书记指出:"要把历史文化遗产保护放在第一位,同时要合理利用,使其在提供公共文化服务、满足人民精神文化生活需求方面充分发挥作用。"文化的生命力在于贴近生活、服务人民。推进大运河文化保护传承利用,要善于运用现代文化呈现形式和技术手段,创新方式方法,发挥文化引领风尚、教育人民、服务社会、推动发展的作用。保护好、传承好、利用好大运河文化是一项系统工程,需要统筹文化与经济、文化与社会、文化与生态的关系，处理好传统性与时代性、民族化与国际化的关系，充分发挥有效市场和有为政府的作用。一是完善文物保护管理机制。把大运河文化遗产保护同生态环境保护提升、沿线名城名镇保护修复等统一起来，根据文物和文化资源的整体布局、禀赋差异及周边人居环境、自然条件、配套设施等情况，重点建设重要遗址遗迹保护利用设施、主题博物馆和专题文博场馆等。二是拓展活化利用方式。加快推进文化数字化进程，建设好大运河国家文化公园官方网站、数字云平台、数据管理平台，通过数字场景重新呈现大运河的辉煌历史和发展脉络，让文物说话、让历史说话、让文化说话。办好大运河特色主题活动，培育文化旅游品牌，打造文化旅游精品线路，为人民群众提供更加多元和个性化的旅游服务。三是深化国际交流互鉴。加强同联合国教科文组织在世界文化遗产保护方面的合作，积极与其他国家的运河沿线城市开展文化遗产保护利用的交流合作，充分利用数字技术与新媒体创新表达方式，建立国际化大运河传播平台，在世界舞台上传播好中国大运河文化，为世界运河文化交流互鉴搭建平台和桥梁，促进中外文明交流互鉴。

《人民日报》2022年12月6日第9版

拓展阅读

既要"保护好"又要"活起来"

王长寿

党的十八大以来,我国文物事业取得了显著成就。全社会保护文物的意识进一步增强,文物保护基础工作不断夯实,资源状况基本摸清,保护经费和保护力量持续增长,保护状况明显改善,博物馆建设步伐加快,公共文化服务水平稳步提高,文物利用的广度深度不断拓展,文物事业呈现出前所未有的良好态势。同时也应看到,一些地方文物保护主体责任还未完全落实到位,文物执法部门执法不严、违法不究等现象时有发生,全社会保护文物的法治观念也有待提升,文物资源促进经济社会发展的作用仍需加强,文博产业发展潜力还未充分激发出来。

2016年,习近平总书记对文物工作作出重要指示,强调各级党委和政府要增强对历史文物的敬畏之心,树立保护文物也是政绩的科学理念,统筹好文物保护与经济社会发展,全面贯彻"保护为主、抢救第一、合理利用、加强管理"的工作方针,切实加大文物保护力度,推进文物合理适度利

拓展阅读

用，使文物保护成果更多惠及人民群众。文物保护与利用是辩证统一的。加强保护是开发利用的基本前提，开发利用是保护传承的重要条件。一方面，我们应以文物真实性与完整性为前提进行科学适度的开发，在一定程度上使文物利用具有可持续性；另一方面，我们也不能过度保护使文物与世隔绝，让人们没有机会对文物所承载的历史文化进行了解、认同和热爱。唯有保护与利用并举，才能实现文物可持续传承、实现历史文化资源的创造性转化创新性发展。做好新时代文物保护工作，需要切实贯彻文物工作的十六字方针，在严格保护文物的基础上，有效挖掘文物蕴含的历史、文化和科学等方面的价值，充分发挥文物的公共文化服务和社会教育功能。积极动员各方力量，努力形成全社会参与文物保护的新格局。推进文物合理适度利用，为文化繁荣、经济发展和社会进步作出新的贡献。总而言之，处理好文物保护和利用的关系，既要"保护好"又要"活起来"。

加大力度"保护好"。文物是历史文化的记忆、民族基因的载体，承载灿烂文明，传承历史文化，维系民族精神。保护好文物，功在当代，利在千秋。一是坚持依法保护利用。《中华人民共和国文物保护法》颁布实施以来，虽已经过多次修订，但是随着中国特色社会主义进入新时代，文物

怎样让文物活起来

> **拓展阅读**
>
> 工作作为文化建设的重要组成部分,被纳入"五位一体"总体布局和"四个全面"战略布局,现行法律法规在如何坚持保护第一、筑牢文物安全底线、强化文物保护主体责任、提升全社会文物保护法治意识等方面已经不能满足当前文物保护工作的实际和经济社会发展需要,急需修订与完善,以为做好文物保护利用工作提供法律保障。二是坚持深化文保改革。坚持问题导向和目标导向,破解影响文物事业持续发展、制约文物作用更好发挥的体制机制问题,统筹好文物保护与经济社会发展,在保护中发展、在发展中保护。
>
> 合理适度"活起来"。推动文物资源禀赋有效转化为文化发展动能,进一步丰富人民精神世界、增强民族精神力量,让收藏在博物馆里的文物、陈列在广阔大地上的遗产、书写在古籍里的文字都活起来,不断扩大中华文化的国际影响力。一是建设中华文物标识体系。系统梳理具有文化传统、当代价值、世界意义的文物资源,建立中华文物标识体系,服务中华文化标识系统。深入挖掘文物蕴含的哲学思想、人文精神、价值理念和道德规范。通过对文物资源的研究和阐释,展示中华文明的灿烂成就和中华文化的世界意义。二是建设"数智化"精品展览工程。以展览展示为基础、数字智能业态为重点、知识产权开发为支撑,以中华优秀传统文化、革命

> **拓展阅读**

文化和社会主义先进文化为主题，支持文博单位发挥资源优势和专业优势，推动展陈策划专业化、社会化，打造精品陈列。大力发展文物数字内容新业态，通过可视化呈现、互动化传播、沉浸式体验的智能化信息产品和网络服务展示中华文化独特魅力，弘扬社会主义核心价值观，提升全民文化素养。三是打造文博创意高质量产业体系。创新文物利用方式，发展要素集聚区，优化资源配置，推动文物素材再造和衍生创新。鼓励扶持文博单位和各类市场主体，充分利用我国丰富的文物资源，创新内容、模式和业态，采用数字化、智能化技术，开发出更多弘扬中华优秀传统文化的产品和服务，满足群众多元化需求。近年来，故宫博物院开发出许多弘扬中华优秀传统文化的产品和服务，打造出了有影响力的文博创意品牌，在文物的合理利用方面走在了前面，为全国文博产业作出示范。四是培育文博考古旅游产业新业态。近年来，以文化为内容、旅游为平台的文化旅游产业呈现出前所未有的生机与活力。文化日益成为支配旅游活动的精神支柱和旅游经济的重要引领，旅游则成为文化实现教化功能与娱乐功能的重要载体。我国是文物资源大国，文物资源已经成为文化旅游的重要内容和核心价值资源，因而应加大文博考古资源与旅游产业的融合力度，支持在文物保护区域因地制宜依

> **拓展阅读**
>
> 法适度发展服务业和休闲农业，开展与文物内涵相适应的文化旅游项目及公共文化服务设施建设。推介文物考古领域研学旅行、体验旅游和精品旅游线路。强化博物馆公共文化服务功能，大力发展文化旅游，从深度和广度上促进文化遗产、文博展馆、文物考古与文化旅游相互融合，实现文化旅游业的良性互动、共赢发展。

14

加强文物保护　赓传文明薪火

刘玉珠

2000年1月1日，时任福建省代省长的习近平同志对福建三明万寿岩遗址保护作出重要批示，强调保护历史文物是国家法律赋予每个人的责任，也是实施可持续发展战略的重要内容。万寿岩旧石器时代洞穴遗址作为不可再生的珍贵文物资源，不仅属于我们，也属于后代子孙，任何个人和单位都不能为了谋取眼前或局部利益而破坏全社会和后代的利益。

习近平总书记的高度重视与亲切关怀，使万寿岩遗址不仅摆脱被开采摧毁的命运，更迎来提速发展的新时代。国家文物局会同福建当地党委政府坚持"保护文物也是政绩"的科学理念，积极落实主体责任，妥善协调经济发展与文物保护，万寿岩遗址被评为2000年度全国十大考古新发现，报请国务院核定公布为第五批全国重点文物保护单位，建成国家考古遗址公园并向社会开放。如今的万寿岩遗址已是当地集考古发掘研究、文物保护展示、爱国主义教育、科学文化知识传播于一体的重要文化场所，成为我国加强文物保护、赓续历史文脉的典型范例。

以万寿岩遗址保护为代表的文物事业发展历程，充分彰显习近平总书记高瞻远瞩、知行合一，珍存历史、珍爱文化的战略眼光和深厚情怀。从正定古城保护的身体力行到对福州古厝的爱护有加，从对良渚古城保护申遗的殷殷嘱托到敦煌研究院座谈时的谆谆指引，习近平总书记始终站在为新时代中国特色社会主义建设提供强大精神支撑的战略高度，以前所未有的文化自觉和文化自信，擘画文物事业发展蓝图，为全面加强文物保护利用和文化遗产保护传承提供强大思想武器和澎湃动能。

增强"四个意识"，落实保护责任。习近平总书记关于万寿岩遗址保护的重要批示，深刻揭示文物保护与经济发展、文脉传承与现实生活、时代使命与保护责任的辩证关系。全国文物系统要把学习贯彻习近平总书记关于文物工作重要指示批示精神作为首要政治任务，坚持保护为主、抢救第一、合理利用、加强管理，像爱惜自己生命一样保护好文化遗产。秉持正确保护理念，科学把握保护规律，切实加强文物保护工作体系建设，防止建设性破坏，加强古代遗址保护研究，不断加深对中华文明悠久历史和宝贵价值的认识与发掘，切实把老祖宗留给我们的文化遗产保护好、传承好。

强化保护举措，确保文物安全。文物安全是文物工作的生命线和底线，要始终把文物安全放在文物工作的首要位置，完善全国文物安全工作部际联席会议制度，积极协调部级成员单位发挥作用，探索建立国家文物督察制度体系，强化文物火灾隐患排查整治，联合打击文物犯罪，实施文物平安工程，打赢文物安全防范攻坚战。在推进新型城镇化建设进程中，文物保护与城市建设之间有时存在难以协调发展的矛盾，要进一步统筹相关部门和有关方面共识，将文物保护全面纳入国土空间规划体系，落实文物保护单位保护范围为禁建区、文物保护单位建设控制地带和文物地下埋藏区为限建区、划定城市紫线等相关要求，切实肩负起延续城市文脉的光荣使命。

突出改革创新，狠抓政策落实。要对标文物事业改革任务，重点突破、整体推进，全力推进《中华人民共和国文物保护法》修订，加快长城、大运河、长征国家文化公园建设，实施黄河文化遗产系统保护工程，出台促进博物馆改革发展政策文件，创建国家文物保护利用示范区，构建文物流通领域登记交易制度。2019年11月，经中央批准，国家文物局成立革命文物司，以高度的政治使命感、责任感切实推进革命文物保护利用，以革命文物保护利用片区为重点，实施一批革命文物保护项目，制作革命文物相关视频，弘扬革命精神，传承革命文化。

融合技术创新、契合时代需求。随着科学技术的迅猛发展，文物事业发展也面临新的机遇和挑战。要加强科技创新，利用数字化、网络化、动漫游戏、VR、AR等技术，提供全息影像欣赏、虚拟触摸、沉浸式体验服务，持续更新网络文物资源，加快建设智慧博物馆，推出更多数字在线展览，有效拓展文博公共服务，为百姓生活提供更加安全便捷、丰富多彩的文博产品。要坚持创造性转化、创新性发展,持续推动文博单位高质量发展,规范文物建筑开放利用,打造高水平国家考古遗址公园,以生动鲜活的展览展示和开放包容的社会参与,充分激发文物的时代价值,切实满足群众精神文化生活需求。

2020年4月23日,习近平总书记在陕西调研时强调:"要加大文物保护力度,弘扬中华优秀传统文化、革命文化、社会主义先进文化,培育社会主义核心价值观,加强公共文化产品和服务供给,更好满足人民群众精神文化生活需要。"

2020年5月11日,习近平总书记在山西调研时再次指出,"历史文化遗产是不可再生、不可替代的宝贵资源,要始终把保护放在第一位。发展旅游要以保护为前提,不能过度商业化,让旅游成为人们感悟中华文化、增强文化自信的过程。"

习近平总书记的这些重要指示,我们要认真学习领会、深入贯彻落实。各地文物部门要主动谋划、积极推进,在本地区党委政府领导下,结合事业单位改革,研究制定加强文物机构队伍建设的有效举措,切实加强基层文物保护和研究队伍建设,决不辜负习近平总书记的深切厚望。全国文物系统要积极践行"坚守大漠、甘于奉献、勇于担当、开拓进取"的莫高精神,久久为功,打造高素质专业化文物保护管理队伍,让更多类似万寿岩遗址、敦煌莫高窟的历史文物得到有效保护与传承,把中华文明的物质根基保护好、利用好,以新气象新担当新作为谱写新时代文物事业发展新篇章。

《光明日报》2020年5月19日第4版

> 拓展阅读

向文物保护利用强国不断迈进

张 贺

文物保护水平全面提升，文物蕴含的中华文化基因得到更好挖掘阐释，革命文物保护管理运用体系基本健全……2021年10月印发的《"十四五"文物保护和科技创新规划》（以下简称《规划》）提出全面加强文物保护研究利用，并作出相关部署，有力推动我国实现从文物资源大国向文物保护利用强国的历史性跨越。

中华大地上灿若星辰的文物资源，是承载灿烂文明、传承历史文化、维系民族精神的重要载体。据统计，截至2021年底，我国目前有不可移动文物76.7万处、国有可移动文物1.08亿件（套）。守护并利用好这些文物资源，意义重大，责任重大。"十三五"时期，我国文物保存状况持续改善，文物领域科学研究和技术创新取得重要进展，革命文物保护利用全面加强，文物活化利用不断深入，文物保护的社会共识逐渐加深，文物保护法律制度日臻完善。在此基础上，《规划》从多个层面入手，进一步探索符合国情的文物保护

怎样让文物活起来

> **拓展阅读**

利用之路。

习近平总书记强调:"让收藏在博物馆里的文物、陈列在广阔大地上的遗产、书写在古籍里的文字都活起来,丰富全社会历史文化滋养。"当前,文物活化利用不断深入,激发出历史文物资源的生命力。"十三五"时期,全国博物馆每年举办展览2万多个,文物主题节目《如果国宝会说话》《国家宝藏》等广受欢迎,世界文化遗产地年接待游客超3亿人次,文创产品引领"国潮"消费新时尚……让文物"活起来",推动了文物保护常识的普及和文物保护意识的提升。根据《规划》,"十四五"时期,全国备案博物馆数量预计达到6500家,年举办陈列展览数量预计达到3万个,年观众人数预计达到14亿人次。"文物热""博物馆热""文创热"等将呈现更加多样的形态,以文物为主题的研学和旅游将给人们带来更好的体验。

随着《规划》的实施,我国文物科研和文物科技创新也将迎来新发展。"十三五"时期,我国重大考古发现不断,考古科研成果丰硕,4260项考古发掘项目有序开展,浙江良渚、陕西石峁等一批重要遗址实证5000多年中华文明史,海昏侯墓等发掘保护备受关注。根据《规划》,"十四五"时期,考古和文物保护领域的基础研究、跨学科研究、关键共

> **拓展阅读**
>
> 性技术攻关等都将得到加强。文物机构数量预计将达到 1.22 万个，考古从业人员数量预计达到 1 万人，同时将持续加强基层文物保护研究队伍建设，文物机构从业人员预计将达 19.5 万人，从而更好解决基层文物单位人手短缺等问题。
>
> 　　文物不仅属于我们当代人，也属于子孙后代，是激发民族自豪感、增强文化自信、凝聚起爱国奋进力量的重要源泉。努力实现从文物资源大国到文物保护利用强国的历史性跨越，文物事业必将为弘扬中华优秀传统文化、凝聚共筑中国梦磅礴力量作出新的更大贡献。

传承敦煌文化　坚定文化自信

郑炳林

2019年8月19日，习近平总书记来到敦煌研究院，察看珍藏文物和学术成果展示，听取文物保护和研究、弘扬优秀历史文化情况介绍，同有关专家、学者和文化单位代表座谈并发表重要讲话。习近平总书记强调，研究和弘扬敦煌文化，既要深入挖掘敦煌文化和历史遗存背后蕴含的哲学思想、人文精神、价值理念、道德规范等，推动中华优秀传统文化创造性转化、创新性发展，更要揭示蕴含其中的中华民族的文化精神、文化胸怀和文化自信，为新时代坚持和发展中国特色社会主义提供精神支撑。

习近平总书记在敦煌研究院座谈时的重要讲话思想深邃、内涵丰富，具有极为重要的现实意义。这是在坚定"四个自信"背景下，对敦煌这一世界文化遗产的重新检视和把脉，同时是对敦煌文化赋予的新时代定义。这一重要讲话对敦煌文化保护和敦煌学研究提出了具体要求和重要指示，也对在国际舞台上讲好中国故事作出明确指示。

正如习近平总书记所言，敦煌文化展示了中华民族的文化自信。只有充满自信的文明，才会在保持自己民族特色的同时包容、借鉴、吸收各种不同文明。而今日之中国，不仅是中国之中国，而且是亚洲之中国、世界之中国。因此，必须推动中国文化的世界表达，向世界讲好中国故事，从而增强中国文化在国际舞台上的话语权和影响力。

强化对历史文献的研究。历史文献记录了中华民族创造的重要文明成果，是中华文明的重要载体。强化历史文献研究是坚定文化自信，讲好中国故事，弘扬中华文明对世界文明贡献的重要途径。敦煌藏经洞中收藏有5万余卷六朝、隋、唐及宋代的写本，内容涉及中国古代政治、经济、军事、历史、哲学、宗教、文化、民族、语言、文字、科学技术，还有很多少数民族文字文献，研究空间浩瀚无比。为了更好地让世界认知中国，应该从国家层面加大对出土历史文献的整理研究，让千年前的文献重见天日，不断梳理出藏于字里行间的无数个中华优秀文化因子，使其活起来，从而更好地讲述中国故事，传播中国声音。

做好出土文物和遗址的研究阐释工作。要将埋藏于地下的古代遗存发掘出土，将尘封的历史揭示出来，将对它们的解读和认识转化为新的历史知识。习近平总书记语重心长地指出："历史文化遗产不仅生动述说着过去，也深刻影响着当下和未来；不仅属于我们，也属于子孙后代。保护好、传承好历史文化遗产是对历史负责、对人民负责。"并对此提出明确要求："考古学界要会同经济、法律、政治、文化、社会、生态、科技、医学等领域研究人员,做好出土文物和遗址的研究阐释工作,把我国文明起源和发展以及对人类的重大贡献更加清晰、更加全面地呈现出来。"从而,让世界更好地认知中国。

探索多学科交叉研究方法。敦煌学研究要与目前兴起的吐鲁番文献学、藏学、西夏学等相关学科相互借鉴,要通过利用敦煌、西域地区出土文物与传统历史文献,将西北边陲与内地文化交融互动的历史轨迹清晰展现出来,推进以敦煌学为基础和串联的多学科融合研究,多措并举构建敦煌学学术体系和话语体系,加强不同学科文化的交流互动,讲好文物里的中国故事。

服务共建"一带一路",提升学术研究水平,弘扬中国优秀文化遗产中蕴含的中华文化内涵和艺术魅力。通过提升敦煌学研究水平,为"一带一路"建设做足历史文献储备、提供理论支撑,促进与沿线国家的人民民心相通和文化交流互鉴。因此,要将敦煌学研究放在丝绸之路中西文明交流互动,尤其是中国传统文化在敦煌、西域地区的影响这一宏观历史背景中,进一步扩展内涵、拓宽领域,取得新进展与新突破,牢牢掌握中国学者在敦煌学研究方面的话语权,在国际舞台上发出中国声音,在新时代构建中国特色哲学社会科学学科体系方面贡献力量。

加大国际交流合作。文明因多样而交流,因交流而互鉴,因互鉴而发展。中华文化既蕴含着协和万邦、天下大同的丰富思想,又具有开放包容、兼收并蓄的优良传统。习近平总书记指出，要坚持"引进来"和"走出去"相结合，开展多种形式的国际性展陈活动和文化交流对话，展示我国敦煌文物保护和敦煌学研究的成果，努力掌握敦煌学研究的话语权。要通过数字化、信息化等高技术手段，推动流散海外的敦煌遗书等文物的数字化回归，实现敦煌文化艺术资源在全球范围内的数字化共享。要引导支持各国学者讲好敦煌故事，传播中国声音。

依靠多样互动的传播手段讲好中国故事。面向国际舞台讲述中国故事，需要"以讲代说"，用讲故事的方式提高中华优秀传统文化的亲和力和感染力。"要多用外国民众听得到、听得懂、听得进的途径和方式，积极传播中华文化，阐发中国精神，展现中国风貌，让世界对中国多一分理解、多一分支持。"作为各种文明长期交流融汇结晶的敦煌文化是中国文化自信、文化包容、文化自觉的真实写照，要向世界讲好敦煌文化，需要运用海外受众喜闻乐见的形式、载体、话题等元素充分挖掘敦煌文化蕴藏的中国故事，让敦煌文化生活化、生动化、具体化，使海外受众在"润物细无声"中感受中华文化的独特魅力。

《光明日报》2021年1月22日第8版

拓展阅读

国家博物馆要在坚定文化自信上走在前列

李六三

文化是一个国家、一个民族的灵魂。习近平总书记指出：文化兴国运兴，文化强民族强。没有高度的文化自信，没有文化的繁荣兴盛，就没有中华民族伟大复兴。

中国国家博物馆是集中展示中华优秀传统文化、革命文化和社会主义先进文化的圣殿，是饱含丰富的中华优秀文化基因的精神宝库，是国家历史与艺术并现的文化客厅。2012年11月29日，习近平总书记率领十八届中央政治局常委来到中国国家博物馆参观《复兴之路》基本陈列，发出实现中华民族伟大复兴中国梦的伟大号召。

作为国家的文化客厅，作为能够全面系统完整展现中华优秀传统文化、革命文化和社会主义先进文化的综合性博物馆，国家博物馆肩负着促进不同文化交流互鉴的重要职责，在开展对外文化交流、展示中华文明魅力、传播世界文明成果方面发挥着重要的窗口作用，理应在坚定中国特色

> **拓展阅读**

社会主义文化自信上走在前列。

在发展文化事业方面完成了新的展陈体系建设。《古代中国基本陈列》全面展示了中华民族悠久历史的绵延不绝和优秀文化精神及璀璨的艺术成就，通过数千件极具代表性的精美文物，全面反映了中华民族勤劳、智慧、包容的优秀品格，古代中国的审美情趣、价值取向和爱国精神。

《复兴之路》展览全面展示了革命文化，向世界叙述中华民族不屈不挠、抵御外辱、反抗列强、救亡图存的奋斗历史，彰显无数仁人志士探索救国救民道路的壮怀激烈，特别是全面展示马列主义在中国的传播历程。全面展示了中国共产党从无到有、从弱到强，领导人民推翻三座大山建立中华人民共和国的艰苦卓绝的奋斗历程；全面展示了中国共产党率领全国各族人民，自力更生艰苦奋斗的社会主义建设历程；全面展示了改革开放和社会主义现代化建设取得巨大成就的复兴历程。

《"砥砺奋进的五年"大型成就展》全面反映了党的十八大以来，在以习近平同志为核心的党中央领导下，创造的新时代中国特色社会主义的伟大成就。

此外，每年 50 个左右的临时展览则突出展示了社会主义先进文化，从《基础先行——国土资源调查评价成果展》

怎样让文物活起来

> **拓展阅读**
>
> 到《新疆生产建设兵团成立60周年历史文物展》,从《领袖·人民——馆藏现代经典美术作品展》到讴歌劳模的摄影书画展,从艺术大师创作成果展到非物质文化遗产保护成果展,都引起社会广泛关注和热议。
>
> 在发展文化产业方面完成了文创开发的转型发展。深入学习领会习近平总书记"讲好中国故事""让文物活起来"的重要论述,认真贯彻落实新修订的《博物馆条例》和国务院、文化和旅游部、国家文物局关于发展文化产业的一系列重要文件,在保护、陈列、研究好文物的基础上,全面采集馆藏数字信息,深入挖掘藏品内涵,积极探索博物馆利用版权资源发展文创产业新路。
>
> 做好文化工作一定要以习近平新时代中国特色社会主义思想为指导,从国家文化安全的角度更加深刻地认识文化建设任务的艰巨性和重要性,坚定文化自信,推动中华优秀传统文化创造性转化、创新性发展,继承革命文化,弘扬社会主义先进文化,扎扎实实把国家博物馆建设成世界一流大博物馆,利用丰富的馆藏资源讲好中国故事、传播好中国声音,助推文化事业和文化产业的全面发展。

16

创新展览展示,让文物"活"起来

魏雪峰

近年来,习近平总书记就文物考古工作和博物馆建设发表了一系列重要讲话。2022年7月8日,习近平总书记给中国国家博物馆的老专家回信,进一步指出了博物馆的发展方向和历史责任。讲好中华文明故事,弘扬中华文明蕴含的全人类共同价值,推动构建人类命运共同体,成为文博人的历史使命和时代担当。

我国拥有5800余家各类博物馆,也拥有世界上参观博物馆最大的群体。当今,文化旅游促进了博物馆的发展,打卡博物馆也成为当代年轻人的新潮流。延伸历史轴线,增强历史信度。作为文物保护和利用的重要载体,博物馆承担着让文物活起来的重要使命。博物馆是十分典型的致力于公众服务的公益性机构,观众是博物馆的生存根基和发展基石。"活起来"的核心是提高文物研究阐释和展示传播水平。"观众的需求，就是我们的追求"，博物馆在展览主题设计和展陈形式上，都应该从接受美学的角度研究观众的心理和审美需求。展览的同时还可以组织线上线下的讲座和论坛，从多维度提升展览的传播效能，做到博物馆从无墙到无界的跨越。

引进和推出中外展览是文明互鉴的重要方式。除实体的展览外，也可以引进或推出数字展览。这样既可扩大交流方式，也可拓展国际视野。

重塑公共性，探索博物馆教育共同体，提炼博物馆资源与学校教育的有机结合点，建立灵活性、适应性和流动性的公共教育平台，是博物馆社会教育工作的重要责任。把中华5000多年文明史融入通识教育，把课堂移入博物馆，真正做到"一个博物院就是一所大学校"。博物馆传播功能的延展也可以广泛地和社区生活美学空间融合在一起，以流动博物馆、社区宣传栏和志愿讲解员等多种形式，实现博物馆教育功能的最大化。

就目前的调查数据来看，年轻人更钟爱有创意、有技术含量的展览方式。国际博物馆协会认为，21世纪的博物馆拥有巨大的潜力和影响力，从实现可持续发展的力量、数字化与可及性创新的力量、通过教育进行社区建设的力量三个视角，可以将世界变得更美好。建立博物馆网络服务，通过全息呈现、数字孪生、超高清、多传感器融合、AR、VR等新体验技术，连接虚拟与现实，这可以提升博物馆展出的互动性和沉浸式体验，成为扩大声量、吸引年轻人的全新方式。大英博物馆启动的"收藏在线"是规模最大的在线数据库之一，所展藏品超过400万件。中国的博物馆大都完成了可移动文物的数据采集，为线上博物馆、云博物馆提供了基础，从而可以打破地域、时间限制，让人们随时"走进"博物馆。

文化的创意赋予博物馆新的生命力。要使展览"火"起来，还需要围绕展览做一些助推的活动。舞剧《只此青绿》，让国人尽知《千里江山图》；三星堆考古直播，让人们期盼三星堆新的展陈。博物馆学与传播学的结合，是博物馆未来研究的重要方面。

总之，作为博物馆工作者，我们要守护好、传承好、展示好中华文明优秀成果，努力探索出一条符合中国特色的博物馆发展之路。

《光明日报》2022年7月19日第7版

> 拓展阅读

讲好中国故事，须让文物"开口说话"

洪 宇

2021年11月24日，中央全面深化改革委员会第二十二次会议审议通过了《关于让文物活起来、扩大中华文化国际影响力的实施意见》(以下简称《实施意见》)。会议提出，要开展创新服务，使文物更好融入生活、服务人民，积极拓展文物对外交流平台，多渠道提升中华文化国际传播能力。在网络和数字化时代，文化新业态在提升中华文化影响力、打造国家文化软实力中的作用不断凸显，其中文物成为重要的标识要素，在展示中华优秀传统文化中发挥着日益重要的作用。

用文物讲述中国故事，最传统的方式就是举办文物展览——琳琅满目的各种文物，躺在展柜柔和的灯光里，迎接着八方来客近观远望、打量端详。在无声的展示中，文物背后的故事、文化、历史能被知晓多少，取决于太多外在因素。讲解员的水平、参观者的文化素养、展览的时间，甚至展览场所的交通条件、展览当天的天气状况等都会影

拓展阅读

响展览效果。这种静态展示中的文物，其实是中国故事被动的讲述者。

要想让文物成为中国故事的主动讲述者，就得让文物"开口说话"，即借助科技、产业甚至艺术的赋能，将文物背后的中国故事、中国文化、中国历史主动挖掘出来、呈现出来。

网络游戏与文物结缘较早。《王者荣耀》中的长城和敦煌，《QQ飞车》中的司马台长城赛道，《天涯明月刀》中的云冈石窟……越来越多的网络游戏为玩家架起了了解文物和历史的桥梁。很多自带中国文物元素的国产游戏已成功"出海"。2020年，我国自主研发的游戏海外市场销售收入达154.5亿美元，不仅在美、日、英、德等主流市场站稳脚跟，而且在沙特、土耳其、印尼、巴西等新兴市场也表现良好。在游戏的超级数字场景中，一件件文物不再是身蒙尘埃的老物件，而成为外国玩家眼中中国文化最好的讲述者。

文艺工作者也从文物中找寻灵感，或直接把文物作为创作素材。网剧《古董局中局》围绕古董鉴宝展开，剧中文物以及主人公的文物鉴定素养，成为展开"局中局"至关重要的线索，而线索背后的鉴宝故事与文物行业的种种规矩，成为吸引观众的重要元素。《国家宝藏》《如果国宝会说话》等

怎样让文物活起来

> **拓展阅读**

节目则运用综艺手段直接讲述文物背后的中国故事。许多文博单位及相关机构、文物爱好者、文博"发烧友"更是直接试水短视频和网络直播，制作推出了内容丰富、异彩纷呈的文物类短视频节目。根据抖音发布的数据，截至2021年5月，抖音上跟博物馆有关的短视频数量超过3389万个，播放超过723亿次，获赞超过21亿。

用文物讲述中国故事不难，难的是用文物讲好中国故事。由故宫博物院和腾讯联合主办的第二届"文化＋科技"国际论坛上，各界专家的一个共识是，要破解上述难题，须运用科技手段进一步提升博物馆的数字化水平，推动文物利用方式的创新。论坛期间，推出了故宫超高精度"数字文物"，并借助VR、AR技术还原了故宫倦勤斋的部分场景，让观众见识了数字化赋能文物的强大能力。专家们认为，数字化技术手段是让文物"开口说话"的一条捷径，有利于推动中华优秀传统文化走进人们的指间、耳间和心间。

讲好中国故事，文物不仅要"开口讲中国话"，还要学会"讲外国话"，即做好文物的海外传播工作。总体来看，2018年中央全面深化改革委员会第三次会议审议通过《关于加强文物保护利用改革的若干意见》以来，特别是"互联网＋中华文明"行动计划推出以来，我国文物"出海"的热潮一

拓展阅读

浪高过一浪。带有中国文物元素的文化新业态在海外的传播，在一定程度上成为线下模式的有益补充，助力了中华文化海外影响力的提升。不过，不同文化业态尚未形成讲述中国故事的合力，且在提炼和展示中华优秀传统文化方面还有提升的空间。

《实施意见》的出台表明，中央对文物事业寄予了更高期望。广大文物工作者的肩上又多了一项扩大中国文化国际影响力的重要使命。接下来，文博行业须推动国家文化大数据体系建设，进一步夯实文物乃至文化数字化的基础，为文化新业态提供更加丰富的创作资源，加快将承载中华文明的文物转化为各种数字化产品，为海外观众与我国文化瑰宝近距离接触提供便利，进而架起民心相通之桥，铺就文明互鉴之路。

17

北京中轴线的历史文化和当代价值

吕 舟

北京中轴线是指位于北京老城中心，从北端的钟鼓楼，经万宁桥、景山、故宫、太庙、社稷坛、天安门广场、正阳门、天桥地区、天坛、先农坛，到南端的永定门，长达7.8公里，贯穿北京老城南北，并始终决定整个北京老城城市格局的庞大建筑群体。在这一巨大建筑群中，汇集了13世纪以来中国历史上最为重要的国家纪念性建筑、礼仪建筑和标志性建筑，展现了中华文明具有代表性的物质形态特征。

北京中轴线是中华文明的独特见证。城市作为文明发展的表征，必然从各个方面呈现它承载文明的主要特征。在中国文化传统中，都城位置的选择具有极其重要的意义，它在国土中的位置不仅要符合观念中的中心地位，更要与特定的星座在天穹上的位置对应，这也是中华文明"天人合一"观念的重要组成部分。

北京中轴线作为都城的核心建筑群，继承了自西周初年形成的都城格局和制度，延续了秦汉以来都城中心建筑群与星象对应的传统。

乾隆在《皇都篇》中，将这种关系表达为北京对应北天星空中帝车座的开阳星。在北京中轴线的格局和朝向上，无论是"向明而治"，还是"允执厥中""建极绥猷"，都强烈地表现出在中国传统观念中都城的核心建筑的道德意义和构建国家秩序的象征性。元代在营建大都（北京）时，对形成于西周初年并在汉代成为儒家经典文献组成部分的营国制度的附会，之后明代、清代对这一制度的不断发展、完善，不仅仅反映了这种传统文明精神的传承，更反映了中华文明多元一体格局形成的过程。

北京中轴线上的太庙、社稷坛、天坛、先农坛是中国古代社会最重要的国家祭祀活动场所，而祭祀在中国历史上被作为国家最重要的事务。这四组坛庙建筑与北京中轴线上的其他建筑共同构建了中华文明传统包容、多样的信仰体系。

北京中轴线是在中华文明秩序和美学观念基础上，都城核心建筑群的杰出范例。都城的营建不仅是一个城市构建秩序的过程，更是国家秩序的表征。北京中轴线作为都城核心建筑群，从建筑的规模、形式、布局到装饰细节，无不是对这种基于中华文明传统观念的秩序进行了极致的表达，形成了统领全城的格局形态。

朝廷、宫室表达了等级秩序，钟鼓楼反映了通过对时间的管理构建社会生活秩序的城市管理体系，各重城门则是这种社会生活秩序的体现。北京中轴线构成了对这种秩序的清晰表达。"以中为尊"是中国传统文化中秩序的基础,"大中至正"则赋予这种秩序道德以意义,影响了中国传统建筑的整体审美意象。北京中轴线建筑群中的建筑展现了对这种审美意象的极致追求。两侧对称布局的城市区域对居中的北京中轴线建筑群的烘托,形成了恢宏壮丽、纲维有序的城市景观。

纵贯北京老城南北的城市中心建筑群,穿越了多个功能复杂的城市功能区,呈现了宫城中帝王的生活,内城中王公、官僚等的生活,外城普通民众的生活,构成了中国传统社会生活最具完整性的物质载体。这种对传统生活的表达也反映在与北京中轴线建筑群相关的、极为丰富的非物质文化遗产上。

北京中轴线作为中古以后古代中国的都城和现代中国首都的核心,它的选址、建设与北京西部、北部的山脉,与从西向东穿越北京的河湖水系相互关联,构成了文化与自然、物质遗产与非物质文化遗产、历史遗存与当代生活的整体性。无论是作为中华文明的独特载体,还是作为东方文明传统都城核心建筑群在城市规划、建筑、景观设计上的杰出范例,都使北京中轴线具有了突出的世界性价值。

北京中轴线的价值不仅在于它是独一无二的历史遗产,更在于它对现实生活的巨大影响。它是北京城市的核心,是当代生活的重要载体,是今天国家礼仪活动的中心,也是政治、文化中心。这种历史功能的延续,使其具备了巨大的当代影响力。

对北京中轴线所承载的文明价值的认识,促进了社会对历史文化的关注,促进了公众对中华文明的理解认知,形成了基于历史文化价值的文化身份认同，激发了文化自豪感，调动了民众参与北京中轴线保护传承和弘扬传统文化的热情。越来越多人主动探索、收集、介绍北京中轴线深厚丰富的历史文化、宏伟壮丽的建筑形态、多彩多姿的非物质文化遗产，并参与到北京中轴线保护传承和由此激发的文化创新中，使北京中轴线通过遗产保护推动社会可持续发展的作用逐步彰显出来。

作为一项规模宏大、具有强大生命力的活态遗产，北京中轴线不仅串联起众多文物古迹，更清晰地构建了一个中华文明文化精神和价值观念的表达体系。对北京中轴线的保护、价值阐释是建设中国历史文化保护传承体系的一项重要实践。

让文物活起来，不仅是要赋予历史建筑当代的使用功能，更重要的是要使它们所承载的历史文化价值被社会和民众认知、理解，真正焕发活力。通过对北京中轴线历史文化价值的阐释与传播，促进了人们对它所具有的社会价值的认知，促进了社会和公众对北京中轴线承载的历史文化价值的保护、传承、弘扬和创新。这种传承、弘扬和创新既表现在北京新的城市建设正沿着北京中轴线南北延长线持续发展，也反映在老城人居环境的不断改善，还体现在丰厚的历史文化价值对当代生活、文化创意提供了无尽灵感上。北京中轴线的保护为北京的可持续发展提供了巨大动力，这也正是世界遗产保护追求的目标。

《光明日报》2022年8月28日第5版

拓展阅读

国宝"能歌善舞" 文物"萌态可掬"

薛 君 王立新

国宝会说话,花式自报家门

随着三星堆考古发掘的稳步推进,"探秘三星堆"相关话题受到广泛关注,出土于1986年的三星堆博物馆镇馆之宝青铜大立人像也随之"翻红"。

"我是谁?考古学家们都称我为青铜大立人,那我究竟是谁,这个答案还是留给你们去慢慢解答吧。"在央视一档"探秘三星堆"的栏目中,青铜大立人手舞足蹈来了个自报家门,它从高80厘米的底座上一跃而下,扭动着身躯与主持人一唱一和:"我的气质十分独特,身躯瘦高,手臂和手粗大,很夸张,两只手呈抱握状,与身体的比例极不协调。有的专家认为我的手里握的应该是玉琮,还有的学者猜测我的手里拿着象牙,你们猜呢……"节目一上线就引发了网友的热烈讨论,有人关注让青铜大立人扭起来的运动捕捉技术,有人被动起来的青铜大立人的憨憨形象所吸引,有人由此联想到《哪吒之魔童降世》中的两个可爱的青铜门卫,更多的

拓展阅读

人则因为这样的趣味性探秘燃起了深入了解青铜大立人以及相关文物的热情。

2018年,由《如果国宝会说话》掀起的国宝热、文物热一直持续至今,节目中通俗风趣的文案让人回味无穷,因为节目"走红"的一大批国宝也在线上线下不断吸引着观众的围观。节目充分运用多媒体技术,对文物进行360度无死角全景呈现,不仅让观众感受到空间的拉近,更让观众随着文物一起重返历史现场,感受时间上的穿梭,看见历史。从上古时期的红山玉龙到春秋战国时期的曾侯乙编钟再到魏晋隋唐的仕女图,国宝在活泼文案和科技的助力下不断为观众带来惊喜,深入人心,走进寻常生活。《如果国宝会说话》宣传海报也成为一大亮点,例如,三星堆青铜人像配文"说我像奥特曼的你别走",用诙谐的语言既道出了文物的外貌特征,又使其与当下流行文化和网言网语形成互动,让人眼前一亮。还有四神纹玉铺首配文"确认过眼神",长信宫灯配文"照着你"等都尽显用心,有效推动了文物知识的普及与广泛流传,也为广大网友所纷纷效仿。

从配文、解说辅助文物自报家门到运用运动捕捉技术、配音等使文物自说自话、轻盈舞动,与其说是科技和观念的进步,不如说是让文物活起来意识的深入人心。让文物说

> **拓展阅读**

话，实际上是在实现人与文物的对话。

文物组团出道，萌态深得人心

三星堆发掘引发新一轮的文物热，网上关于文物的大讨论、大比拼也渐成刷屏之势。"文物有多可爱""三星堆文物大型撞脸现场""全国文物大 battle"等话题热度不减。媒体宣传力求活泼、接地气，网友自发趣味性"拼盘"时脑洞大开，助力文物组团出道，众多文物以萌态受到了网友的欢迎。

如在"文物大型撞脸"团中，2020年7月公布的出土文物陶猪撞脸"愤怒的小鸟"中的反派猪，出道（土）即成功"破圈"。此外，有网友指出，铜太阳形器神似方向盘，陶三足炊器像极了火锅，铜人头像不仅撞脸奥特曼，还与某明星有几分相像。相关媒体和广大网友通过形似的匹配，使得古文物在当下找到了"知音"，实现了跨越千年的对话，让人心动于文物的可爱，惊叹于古人的智慧。

随着三星堆文物不断"上新"，人们发现中国多地有与之相似的同款，实证中华文明多元一体的同时，也引发了"全国文物大 battle"。2021年3月底，《四川日报》在其官微发起挑战，派出首批出战队员——金面具、方尊、陶三足炊器、陶猪，引发《河南日报》《江西日报》《北京日报》等

国宝"能歌善舞" 文物"萌态可掬"

> **拓展阅读**

友好应战。例如,《河南日报》推出妇好鸮尊,并配文"最强女战神出征,谁来接招?"山西媒体则组团推出鸟尊、鸮卣等重量级文物。随着《四川日报》掀起第二轮比拼,更多的地方媒体也开始以组图、动图形式积极参与进来。网络上俨然引发了一场各地文物间的盛大赛事,如选秀般集中亮相,各自展现形貌与才艺,文化与内涵,凭实力出圈。在此过程中,各地媒体以及各地博物馆紧跟热点话题,创新思路打造国宝天团,使古老文物借新技术、新媒体之力在年轻网友心中获得一席之地。

此外,"三星堆文物唱电音"让人直呼"又酷又帅","我们玩的都是老祖宗剩下的"让人感叹中华文化的博大精深、源远流长,"网传'不正经'文物"则拉近了年轻网友与厚重文物之间的距离。这些由媒体创新编排或网友自发拼接的"文物团体"看似不那么严肃庄重,但以萌态深得人心,不失为让文物活起来、火起来的有益尝试。

古人穿越千年,讲述传奇故事

伴随着贾湖骨笛的声响,镜头由远及近,一排唐宫女陶俑褪去"陶衣",如同从千年睡梦中醒来,穿梭于河南博物院,开启了一场"元宵奇妙夜"。这是河南卫视继《唐宫夜

怎样让文物活起来

> **拓展阅读**

宴》之后推出的又一爆款,"河南博物院元宵奇妙夜"。

节目中,从《唐宫夜宴》走红的"唐宫小姐姐",再度从唐朝盛世穿越而来,手中像拿着魔法棒,所到之处,点哪里哪里就活起来,她们从古人的视角见证着现代人对传统文化的诠释。"唐宫小姐姐"来到河南洛阳的应天门,带观众感受大唐盛世的华美景象;来到登封观星台,见证数百名华夏儿女武出中华武术的侠义,唱出《龙的传人》的豪气,感知天人合一;走进《清明上河图》,在《包青天》《夫妻观灯》《五世请缨》等戏曲联唱中品味戏曲经典、致敬边防战士。短短半小时的节目将中华传统文化诸多精华元素一一呈现,让人回味无穷。无论是《唐宫夜宴》的爆红,还是"河南博物院元宵奇妙夜"的精彩接力,两台节目都在向我们展示着中国文物及中华传统文化的独特价值和魅力,而且为文物活起来相关节目的制作提供了优质范本。

除了这两个现象级节目,还有很多文艺精品让人交口称赞。例如,名画真人番纪录片《此画怎讲》吸引了不少人的关注。该片选取14幅中国美术史上具有重要历史价值和艺术价值的人物画,以"古画活起来"的形式,用画中人物的口吻,结合时事热点,为观众推介名画、普及名画鉴赏知识。以唐代仕女画稀世珍品《捣练图卷》为例,一段活泼热

国宝"能歌善舞" 文物"萌态可掬"

> **拓展阅读**

闹的前奏之后,镜头首先以博物馆参观视角呈现全景,并附名画简介,进而拉近镜头,走进画作,画中静止的人物也开始活动胳膊腿,在"传世名画C位之争"的吐槽中把名画背后的故事及其艺术价值等娓娓道来,引人入胜。随着吐槽接近尾声,画中人物由动到静,镜头由近及远,名画全貌再次呈现在人们眼前。画下,一边写着名画基本信息,一边写着"别人的葡萄更甜?那可不一定!"时长虽不及5分钟,却让人看得津津有味,名画传世价值及新编故事让人回味无穷。

在文物活起来观念的指引下,此类优质节目如雨后春笋般涌现,并成功赢得了观众的喜爱。从《国家宝藏》到《典籍里的中国》,从《此画怎讲》到《唐宫夜宴》,无论是今人演绎古人,还是古人沉睡千年,梦醒看今朝,这样的古今互动都促成了文物活起来、火起来,让更多人留恋于文物本身的魅力及其背后的文化内涵、历史价值。

18

擦亮北京历史文化"金名片"

陈名杰

文物和文化遗产承载着中华民族的基因和血脉，是不可再生、不可替代的中华优秀文明资源。坚持保护第一、加强管理、挖掘价值、有效利用、让文物"活起来"，擦亮北京历史文化"金名片"，对于强化"首都风范、古都风韵、时代风貌"的城市特色，加快建设迈向中华民族伟大复兴的大国首都、国际一流的和谐宜居之都，具有极为重要的时代价值和现实意义。

突出价值挖掘，增强人民历史自觉和文化自信

做好新时代文物和文化遗产工作，必须深入挖掘文物所承载的中华优秀传统文化、革命文化和社会主义先进文化，深入开展中华文明起源研究、中华文明特质和形态等重大问题研究，深入阐释中

华民族共同体发展路向和中华民族多元一体演进格局,深入阐释文物蕴含的中华民族精神和全人类共同价值,教育引导广大人民群众更好认识和认同中华文明,增强做中国人的志气、骨气、底气。

北京拥有大量等级高、类型全、影响力大的文化遗产。据统计,北京现有7处世界文化遗产,204座备案博物馆,不可移动文物3840处,数量和质量在全球大都市中都排在前列,有利于向世人展示全面真实的古代中国和现代中国形象。

北京还是马克思主义在中国早期传播的主阵地,是中国共产党的主要孕育地之一,革命文物丰富、红色基因深厚。深入挖掘这些红色资源背后的思想内涵,有助于激发爱国热情,振奋民族精神。

北京作为新中国的首都,也是社会主义先进文化的集中承载地。20世纪50年代开始,在党中央领导下开展了大规模的首都建设,建成了"十大建筑"、地铁1号线、首钢、密云水库等一批重大工程。改革开放和社会主义现代化建设新时期,一批体现首都经济发展成就和科技创新成果的文物藏品集中涌现。中国特色社会主义进入新时代,更应以历史文化保护为抓手,突出北京作为"四个中心"和"双奥之城"的独特魅力,彰显新时代党和国家事业所取得的历史性成就和发生的历史性变革。

突出系统保护,全面提升文物保护管理水平

文物保护是复杂的系统工程,既要保护好文物本体,也要保护好赋存环境,不仅要"见树木",还要"见森林";既要保护管理好有形的文物,也要研究阐释好无形的精神文化价值,实现"有形"

与"无形"有机统一；不但要让文物"活下去"，更要让文物"活起来"，切实维护好文物资源的历史真实性、风貌完整性、文化延续性。

近年来，北京突出系统保护理念，以中轴线申遗保护为抓手，带动老城整体保护与复兴；以强化两轴、四重城郭、棋盘路网与六海八水的空间格局为骨架，全面加强老城空间格局保护；以三山五园国家文物保护利用示范区为牵引，打造北京历史文化名城重要承载区和国家历史文化传承典范区；以大运河、长城、西山永定河三条文化带建设为统领，对历史河湖水系、历史文化街区、皇家园林、古树名木、风貌视廊等实施整体保护利用；以革命文物集中连片保护为重点，统筹推出建党、抗战和新中国成立三大红色文化主题片区。

与此同时，北京逐步健全文物保护、研究阐释、政策制度、功能发挥四大体系。在健全文物保护体系方面，统筹做好抢救性保护和预防性保护、本体保护和周边保护、单点保护和集群保护；在健全研究阐释体系方面，对源远流长的古都文化、丰富厚重的红色文化、特色鲜明的京味文化、蓬勃兴起的创新文化进行系统化、理论性思考，找准定位内涵、历史意义、时代价值，深化文物价值阐释；在健全政策制度体系方面，加强顶层设计和系统规划，制定出台《北京历史文化名城保护条例》《北京中轴线文化遗产保护条例》等地方性政策法规文件，形成上下一致、前后衔接、切实管用的制度体系；在健全功能发挥体系方面，推动文物工作积极融入发展大局，主动对接共同富裕、乡村振兴、京津冀协同发展等国家重大战略，推动历史文化与先进技术、新兴业态、周边产业有机融合。通过创新展览展示，精心推出集陈列展览、教育活动、学术研讨、文化创意于一体的精品展陈；通过《最美中轴线》《博物馆之城》等品牌节目，彰显文化遗产魅力；通过国际博物馆日、文化和自然遗产日、北京公众考古季、北京古建音乐季等文化活动，吸引社会公众参与；通过文物主题游径和文物文创大赛，让更多人成为中华文化的传承者、弘扬者、践行者。

突出人民共享，提高人民群众获得感和幸福感

历史文化遗产是满足人民群众对美好生活向往的重要文化资源。要加强对文物和文化遗产的研究阐释，深入挖掘其中蕴含的哲学思想、人文精神、价值理念、道德规范，把中华文明起源、形成、发展以及对人类的重大贡献更加清晰全面地呈现出来，把马克思主义与中华优秀传统文化在世界观、方法论、认识论、精神品格等方面的契合性、相容性揭示出来，使之真正成为当代文化和生活的有机组成部分。

与此同时，要走好新时代党的群众路线，坚持依靠广大人民群众保护文物，传承文化遗产。要利用文化和自然遗产日等时机，通过展示、演出和媒体等载体，进行文化遗产保护宣传教育。要积极引导和鼓励社会力量参与文化遗产保护，建立完善文化遗产保护专家咨询制度、公众和舆论监督制度，充分发挥学术机构、大专院校、企事业单位、社会团体等各方面的作用，共同开展文化遗产保护工作。

突出交流互鉴，增强中华文化国际影响力

"和羹之美，在于合异。"每种文明都有其独特魅力和深厚底蕴，我们要以更加博大的胸怀，广泛开展同各国的文化交流，坚持弘扬平等、互鉴、对话、包容的文明观，推动构建人类命运共同体。

北京在推动文明交流互鉴方面前景广阔。例如，始建于元代的北京中轴线集中展现了中华文明在城市规划建设上的伟大创造与杰出才能，是讲好中国故事的重要载体。近年来，北京持续举办国际学术研讨活动，开展各种中外文化交流，既讲好历史上北京中轴线的精彩故事，也阐释好当代北京中轴线的重要作用，帮助世界读懂中国。被誉为"万园之园"的圆明园，在同时代的欧洲刮起了一股模仿中国园林艺术的旋风。近年来，北京通过"数字圆明园"和"三山五园国际巡展"等项目，加强了同法国、德国、希腊、意大利等国家的交流与合作。

《光明日报》2022年9月29日第7版

拓展阅读

屏幕里的博物馆：文博也能超越时空

吕 帆

2022年7月，中央广播电视总台数字文化艺术博物馆——"央博"数字平台建设正式启动。该平台将利用VR/AR虚拟技术、裸眼3D等手段构建数字文化艺术博物馆体系，让国家级文化资源鲜活地呈现于亿万受众的指尖、眼前。

伴随着互联网技术迭代，叠加疫情冲击下的闭馆与限流，艺术与科技的融合创新成为很多博物馆提供文化产品和服务的重要途径。当下，"文化艺术+数字化/影视化"让文博资源更加"活起来、亮起来、传起来"，并呈现出一系列新特征。

疫情期间，故宫博物院、三星堆遗址等文博机构陆续开启"云观展"模式，观众得以足不出户体验馆藏展览。2022年7月，中国国家博物馆联合全球33家博物馆举行"全球博物馆珍藏展示在线接力"，近150件世界级藏品在"8K展示+5G直播+AR沉浸"的技术加持下，吸引超200万网友观看。

> **拓展阅读**

随着大众对云展示、云直播、云讲解等传播形态越发认可，博物馆通过"云传播"能进一步提质增效。其关键在于以下几方面：第一，馆藏展品能否实现全面、精准、高质的数字化加工，以此打破展览的时空限制；第二，线上展览是否有足够的创意支撑，以此打造高认知、强参与度的文化品牌和热点活动；第三，传统数字化采集能否与互联网、大数据和人工智能技术接轨，在知识获取与按需传播、个性化定制与交互式体验等方面再进一步。

同时，博物馆的数字化建设应警惕"来去匆匆"和"唯流量"观，文化普惠更需要"时间的玫瑰"与可落地的共享观。以被誉为20世纪最重要考古大发现之一的敦煌藏经洞为例，由于历史原因，所发现的7万多件文献文物现分藏于中、英、法等国数十家收藏机构，一直缺乏完整的联合目录。2012年，国家社会科学基金重大项目《敦煌遗书数据库建设》立项，希望实现全球各地所藏敦煌文物的数字化回归。十年磨一剑，"敦煌遗书数据库"于2022年8月19日上线，已成为全球学界共享完整敦煌遗书数据的重要平台。

如果说，数字化通过技术创新，让受众更便捷地走近馆藏展品；影视化则运用叙事策略，让大众更好地了解展品背后的故事和精神。中央广播电视总台推出的大型纪录片《荣

> **拓展阅读**

宝斋》，一展中华老字号 350 年的传承与发展、底蕴与底气。通过先进视听技术带来的精致影像，米芾、文徵明、"八大山人"、齐白石、张大千、李可染等名家的艺术精品，跨越数个世纪实现"超高清同框"，让观众直呼过瘾。

平日深藏于"国家画廊""民间故宫"中的名家珍品固然极具观赏性，但节目更力图展现的，是一代代荣宝斋人在 3 个多世纪的沧桑浮沉中，如何坚持诚信为本、恪守初心，如何薪火相传、弘扬优秀传统文化。这不仅是回顾历史中的一家老店，也是在反躬探寻我们文化自信、文化自觉的根与路。荣宝斋文化品牌屹立不倒的背后，蕴含着中华优秀传统文化的魅力，也彰显着中国美学体系不断生发繁荣的蓬勃生命力。

文化兴国运兴，文化强民族强。迈入新时代，数字与影像助力文博事业发展，是实现文化繁荣、知识普惠的大势所趋。2022 年 5 月，国家层面印发《关于推进实施国家文化数字化战略的意见》，明确到"十四五"时期末，基本建成文化数字化基础设施和服务平台；到 2035 年，实现中华文化全景呈现，中华文化数字化成果全民共享。届时，从历史中款款走来的文博精品，又将与每个普通人产生何种共鸣？行而不辍，未来可期。

高度重视文化软实力中的博物馆力量

刘曙光

当前,世界百年未有之大变局加速演进,文化软实力在综合国力中的地位和作用越来越重要。它对内表现为深厚的文化自信,是民族共同体意识的重要凝聚力;对外则表现为跨文化感召力和吸引力,是展示国家形象与民族特质的必要前提。相较于"物质硬实力",文化软实力是一个国家凝聚社会认同、掌握国际话语权的关键性力量。中华文明源远流长、博大精深,留下了丰富的物质与非物质文化遗产,是我国文化软实力的首要资源和重要基础。作为收藏、保护、展示人类活动及自然环境见证物的公共文化机构,博物馆承担着建设、展示与提升我国文化软实力的光荣使命。

博物馆集中、典型、充分体现着国家文化软实力，博物馆外展是扩大中华文化国际影响力的"金色名片"

博物馆是保护和传承人类文明的重要殿堂，是连接过去、现在、未来的桥梁。党的十八大以来，我国博物馆的数量持续增长、规模不断壮大、影响力大幅提升，在坚定文化自信、推动文明交流互鉴等方面优势显著、成效突出。"文明殿堂"的崇高性和知识性，"文化桥梁"的亲民性与传播性，这两种看似不同的秉性在博物馆中有机融合，使其成为国家文化软实力体系中不可或缺的重要体现。

我国是历史悠久的文明古国，也是文物博物馆大国。截至2021年底，我国博物馆总数达到6183家，各类博物馆保存藏品达6777万件(套)，这些藏品及内容几乎涵盖了人类自然和人文遗产的各个方面，不仅系统呈现了中华文明起源和发展的历史脉络、灿烂成就和对人类社会的重大贡献，形象阐发了中华文化的独特创造、价值理念与鲜明特色，而且为讲好中国故事、向世界展示真实立体全面的中国形象提供了坚实而丰厚的基础。

博物馆文物收藏体系是国家文化软实力的资源基础，博物馆公共服务体系则形成了国家文化软实力别具一格的传播枢纽。作为一种以实物为文化媒介、以空间为传播场域、以感官为教育途径、以大众为传播对象的公共文化机构，博物馆所体现的历史真实性和客观性，使得本国国民与国外观众较易产生信任并留下持久性印象，以非强制的精神牵引力塑造文化向心力，更容易实现厚植家国情怀、浸润思想人心、消弭文化分歧的传播效果。总之，博物馆特有的知识多样性、视听形象性、影响广泛性的特征，在强化本国国民的综合素质与文化认同，促进外国观众增进跨文化理解等方面有着胜于其他文化机构的突出作用。

通过博物馆对外展览，丰富对外文化交流形式、提升国际影响力、传播力和吸引力，是我国文化外交的优势所在。1973年至1978年，新中国首个文物出境展"中华人民共和国出土文物展览"先后赴法、日、英、美等16个国家和地区巡展，接待观众654.3万人次，在对外宣传和发展友好关系上起到积极作用。改革开放以来，博物馆对外展览数量不断增长，精品迭出，不断取得新成果。"十三五"期间，我国博物馆举办文物出境展览约400场次，"故宫""兵马俑""丝绸之路"等，都是亮丽的"外交使者"和"文化名片"，成为象征中华文明标识的文化品牌。由中方自主策划的文物展览更多体现"以我为主"的理念，在陈列艺术设计中融入了更多的中国元素。展览题材不断丰富，从改革开放初期以历史文物类为主的展览，发展为反映中华5000多年文明为主题的各类综合性文物展览与反映不同文化艺术类型的专题性展览相结合的展览体系，更加全面立体生动地展示了中国形象。展览阐释更加重视多元化、普世性，积极探索中国故事、国际表达的有效途径，涌现出一批更富教育性、对话性和情感性的展览案例。博物馆对外展览在服务国家外交大局，提升中华文化国际影响力方面发挥了更加积极的作用。

新时代的博物馆不仅要成为展示和传播文化软实力的重要窗口，更要成为提升文化软实力的新引擎

当今世界范围内各种文化交流、交融、交锋更加频繁，国际环

境复杂激荡，只有不断提高中华文化的国际影响力和吸引力，让世界更好地了解中国，才能切实提高中国的国际话语权，为国家发展营造良好的国际环境。

2021年，由中央宣传部等九部门联合印发的《关于推动博物馆改革发展的指导意见》，提出2035年基本建成"世界博物馆强国"的宏伟目标。"博物馆大国"，体现的是博物馆藏品资源、馆舍硬件等客观优势；而"博物馆强国"则需要在硬件优势的基础上构建强大的向心力、吸引力等软实力优势。由于"世界博物馆强国"是以建设文化强国为依托的，所以，国家文化软实力的建设和提升已经成为新时代博物馆事业发展的核心目标之一。

为此，我们要努力构建国内博物馆资源整合与创新转化新格局。首先，要胸怀"两个大局"、心系"国之大者"，坚持以人民为中心，找准博物馆在文化软实力建设中的合适定位和独特优势。其次，要不断优化体系布局，配合国家重大战略与国家重大文化工程，加强不同地域、不同层级、不同属性的博物馆资源整合与协同创新。再次，要创新展览展示，做好中华文明相关研究成果的宣传、推广和转化工作，加强对文物和文化遗产的研究阐释和展示传播。最后，要推动开放共享，通过"博物馆+"跨界融合进一步开发、传播更多承载中华文化、中国精神的教育项目、文创产品与数字应用，营造传承中华文明的浓厚社会氛围，促进更多博物馆藏品资源转化为文化服务资源，丰富全社会文化自信的深厚滋养，赋能经济社会创新驱动与可持续发展。

与此同时，我们还要创新性推动博物馆国际交流合作。要积极

怎样让文物活起来

构建"中国故事、国际表达"的话语体系,提升博物馆对外展览的传播效益。注重发掘文化遗产跨越时空、超越国度的美学价值、思想价值和外交价值,讲清楚古代中国与当代中国、中国与世界的关系,物化呈现中国人对待世界、社会、人生的独特价值体系、文化内涵和精神品质,贴近不同区域、不同国家、不同群体受众的文化习惯与心理规律,推进中国故事和中国声音的全球化表达、区域化表达、分众化表达,引导国际社会形成对"中国"的完整观念、正向认知。我们要推动实施中国特色、世界一流博物馆创建计划,培育代表中国特色、中国风格、中国气派,引领行业发展的世界一流博物馆,构建具有国际知名度的博物馆文化品牌。此外,还可参考法国卢浮宫博物馆在阿联酋阿布扎比设置分馆等成功经验,探索我国一流博物馆的海外分馆建设,提升中华文化在全球文化版图中的深度和广度。

《光明日报》2022 年 11 月 13 日第 12 版

> 拓展阅读

推进博物馆事业高质量发展

王运良

博物馆是保护和传承人类文明的重要场所，是连接过去、现在、未来的桥梁。习近平总书记高度重视博物馆工作，强调"一个博物院就是一所大学校"，指出"搞历史博物展览，为的是见证历史、以史鉴今、启迪后人"，要求"守护好、传承好、展示好中华文明优秀成果"。新时代新征程，广大文博工作者要深入学习贯彻习近平总书记关于博物馆工作的重要论述精神，不断深化学术研究、创新展览展示，为发展文博事业作出应有贡献。

党的十八大以来，习近平总书记发表了一系列关于博物馆工作的重要论述。例如，关于博物馆的性质和定位，习近平总书记指出，博物馆不仅是"保护和传承人类文明的重要殿堂"，更是"一所大学校"；关于博物馆的角色与功能，强调"中国各类博物馆不仅是中国历史的保存者和记录者，也是当代中国人民为实现中华民族伟大复兴的中国梦而奋斗的见证者和参与者"，要"引导人们树立正确的

怎样让文物活起来

> **拓展阅读**
>
> 历史观、国家观、民族观、文化观",从而"坚定全体人民振兴中华、实现中国梦的信心和决心";关于博物馆的办馆原则与改革方向,强调博物馆建设要"坚持正确政治方向""坚定文化自信""注重特色",提出"让文物说话,让历史说话,让文化说话""让收藏在博物馆里的文物、陈列在广阔大地上的遗产、书写在古籍里的文字都活起来";等等。习近平总书记的重要论述,为更好推动我国博物馆事业改革发展指明了前进方向、提供了根本遵循。
>
> 在习近平新时代中国特色社会主义思想科学指引下,我国博物馆事业发展取得历史性成就。一是博物馆体系布局逐步优化。全国登记备案的博物馆数量不断增长,行业博物馆、专题博物馆、高校博物馆、社区博物馆蓬勃发展,类型丰富、主体多元的现代博物馆体系基本形成。二是博物馆社会功能有效发挥。各地博物馆积极举办展览、策划活动、研发文创产品,"到博物馆去"成为社会新风尚。各地探索实施"博物馆+"战略,推动博物馆与教育、科技、传媒等领域跨界融合,调动更多力量关心、支持和参与文博事业。三是博物馆管理水平显著提升。随着《博物馆条例》《关于推进博物馆改革发展的指导意见》等出台,博物馆相关政策法规体系更加健全。博物馆质量评估体系逐步确立,博物馆管

> **拓展阅读**

理日益标准化、规范化。此外，在新理念、新技术和新方法的助力下，数字博物馆、虚拟陈列、云上展览等多样化展陈方式不断涌现，各级各类博物馆呈现出分布地域广泛、藏品资源丰富、服务对象多元、展陈方式多样等特征。

面对新形势新任务新要求，要持续激发活力，努力实现博物馆由数量增长向质量提升转变。一是做好保藏保管。进一步发展馆藏文物保护修复的传统工艺，应用现代科技手段，实施馆藏文物预防性保护，加快形成抢救性与预防性保护相结合的工作体系。发挥大馆、省馆作用，提倡基层馆、行业馆、专题馆、非国有博物馆走特色展览之路，实现各级各类博物馆均衡发展。二是优化人才梯队。面向高校师生、创意设计从业者、工美专业人员等人群开展遴选和培养文博人才，确保文物保护、文物学术研究事业后继有人、薪火相传。加快构建中国特色文物与博物馆学，吸引更多年轻人投身基础理论研究和实务对策研究。三是推进文物活化利用。提升文创设计开发与生产品质，将深度研究与创意阐释相结合，推出体验型、探索型、收藏型文创产品。完善展陈运营方式，开展联合展览、巡回展览、网上展览，探索策展人制度，打造优质展览品牌。挖掘博物馆教育功能，深入实施"博物馆进校园"项目，让更多中华文明优秀成果走到大中小学生身边。

20

博物馆如何更好传播文物价值

刘 洋

博物馆作为收藏、保护、展示人类活动及自然环境见证物的公共文化机构，承担着实证阐释历史、引导价值取向、培育审美情趣的重要职责。党的十八大以来，党中央高度重视博物馆工作，博物馆事业实现蓬勃发展。博物馆挖掘传播文物价值、推动文物活起来的主体作用更加显著，在满足人民美好生活需要、建设社会主义文化强国、提升中华文化影响力等方面作出积极贡献。新时代新征程上，需完整准确全面贯彻新发展理念，牢牢把握高质量发展要求，聚焦博物馆收藏、保护、研究、展示、传播等核心功能，进一步增强挖掘传播文物价值的能力和水平，推动藏品资源创造性转化、展览展示创新性发展，让更多历史文化活在当下、服务当代。

一是强化征藏的专业性。5000多年中华文明绵延至今，留下海量文化遗产。树立专业化收藏理念，加大文物藏品征藏力度，把具有历史、文化、艺术、科学等价值的文物藏品收进博物馆，使其得到更加专业、安全的保存。强化"为明天收藏今天"的收藏理念，加强党史、新中国史、改革开放史、社会主义发展史相关藏品征集，注重旧城改造、城乡建设中反映经济社会发展变迁物证的征藏，丰富科技、现当代艺术等专题收藏，鼓励反映世界多元文化收藏新方向，不断扩大征藏范围。健全考古出土文物、执法部门罚没文物移交工作机制，完善捐赠免税优惠政策，进一步拓展征藏渠道，丰富博物馆收藏内容。

二是强化保护的系统性。藏品是博物馆的核心支撑，藏品保护是一项系统性工程。健全藏品登录机制，推进藏品档案标准化、信息化建设，逐步推广藏品电子标识。组织文博单位、高校和科研院所联合开展研究性保护修复项目，加快攻克一批抢救性保护技术难题，重点开展出土纺织品、青铜器、简牍等濒危文物抢救修复，做好甲骨、书画、馆藏壁画、皮毛制品等材质脆弱文物保护。实施馆藏文物预防性保护计划，推进馆藏文物保存环境达标建设，建立区域性预防性保护中心，开展馆藏环境监测、检测、评估等技术研究和应用。有序推动馆藏文物高清采集，建立数字资源库，实现持久保护、永续利用。

三是强化研究的深入性。深入挖掘文物藏品蕴含的思想理念、人文精神、价值观念、道德规范，将研究成果及时转化为展览展示、转化为坚定文化自信的宝贵资源。加快科技创新，提升考古测年和冶金、陶瓷、纺织品、竹木器、考古残留物等分析检测能力，增强文物价值挖掘阐发能力。针对文物价值认知、展示传播的迫切需求，聚焦自然科学与人文社会科学等交叉领域，强化合作交流，持续深化博物馆领域基础性研究。围绕人类起源、文明起源、中华文明形成、统一多民族国家建立和发展、中华文明在世界文明史中的重要地位等关键问题，深入开展研究阐释，推动形成一批重大研究成果，为传播文物价值创造条件。

四是强化展示的知识性。一个博物院就是一所大学校，博物馆是公众获取知识的重要场所。提高展陈质量，探索独立策展人制度，支持博物馆举办联合展览、巡回展览、流动展览、网上展览，推出更多富有知识性、原创性的主题展览，满足人民群众精神文化需求。持续推介"弘扬中华优秀传统文化、培育社会主义核心价值观"主题展览，广泛开展在博物馆里过传统节日、纪念日活动，加强爱国主义教育和革命传统教育，培育人民生活新风尚。深化馆校合作机制，发布全国博物馆教育资源地图，共建博物馆青少年教育项目库，建立100个馆校合作点，制作5000个精品课件，推介200个研学精品线路和资源包，让更多博物馆成为青少年的"第二课堂"。

五是强化传播的创新性。鼓励社会力量参与展览、教育和文创开发，促进博物馆与教育、科技、旅游、商业、传媒、设计等跨界融合，推动文物价值传播，盘活文物资源。建设国家级"云展览"平台，集中展示国家一级博物馆的精品展览。推动博物馆发展线上数字化体验产品，提供沉浸式体验、虚拟展厅、高清直播等新型文旅服务。持续推出《如果国宝会说话》《国家宝藏》《中国国宝大会》等精品节目，编纂出版《中国少数民族文物图谱》《中国历代绘画大系》等精品图书，推介中华文物传播精品，加大宣传力度。实施中华文明展示工程，深化国际交流合作，推出一批外展品牌和活动，推动交流互鉴，扩大中华文明影响力。

此外，事业发展离不开人。提升博物馆核心功能，更好传播文物价值，离不开高素质的人才队伍。我们应实行积极开放的人才政策，完善人才激励机制，建立健全管理规范、评价科学、激励有效的文物人才体系，吸引更多优秀专业人才和青年人才投身博物馆事业，共同推动博物馆事业持续繁荣发展，让更多文物活起来，讲好中国故事、传播好中国声音。

《学习时报》2022 年 4 月 18 日第 7 版

怎样让文物活起来

> 拓展阅读

新时代公共博物馆的重要使命

王敦琴

公共博物馆的使命,这是个厚重而又常新的话题。说它厚重,是因为它承载着人类的文明史,并以其独特的方式向人们叙述着过往;说它常新,是因为在不同的时代,它总是带着不同的色彩并被赋予不同的功能和职责。

世界上最早的公共博物馆,可追溯到1683年建立并向世人开放的英国牛津大学阿什莫林艺术和考古博物馆,这可视作世界近代博物馆创建的肇始。在中国,第一个公共博物馆当推张謇于1905年创办的南通博物苑,这亦是中国公共博物馆的滥觞。我国公共博物馆虽起步较晚,但发展迅速,至今已有数以千计的博物馆。在公共博物馆发祥地南通,仅环濠河博物馆群就包含13个各类博物馆。

今天的中国比以往任何时代都更为重视博物馆建设,更为重视挖掘、发挥文物的现实价值及其教化意义。习近平总书记强调,要"让收藏在博物馆里的文物、陈列在广阔大地上的遗产、书写在古籍里的文字都活起来,丰富全社

> **拓展阅读**

会历史文化滋养"。那么，在新时代，要让文物、遗产、古籍活起来，博物馆担当着怎样的重要使命，这是值得深入思考的问题。

一是以物教人。"物"是一切博物馆的基础存在，是博物馆的本质内容，也是历史、文化存在的载体。物的搜集、甄别、筛选、保存、陈列都有其基本的规范及内在逻辑，既是一项系统的专业工程，也是一项体现审美价值的艺术工程，还是一项需要大批热爱博物馆事业者敬业奉献的工程。张謇当年为办博物苑，"謇家所有，具已纳入"，不仅将自己全部收藏奉献出来，而且随时随地留心，或征集或索求或购买，以不断丰富馆藏。南通博物苑室内室外琳琅满目，各种展品有数万种。以物教人，就是要将物的形态真实、准确、合理地展现出来，让人们在观物、识物、赏物的过程中，既能观看其形态特征，也能感受其本质属性，还能体会其生命灵性。在此过程中，让观众由物及物，由物及理，由物及人，并从中获得知识，体会美感，陶冶性情。

二是以史育人。"物"并不是孤立存在的，在物的背后有着其特有的历史和故事。要将这些历史和故事尽可能真实地挖掘出来、准确清晰地描摹出来、形象生动地讲述出来，既需要知识水平，也需要智慧能力，还需要付出艰辛劳

怎样让文物活起来

> **拓展阅读**
>
> 动。要尽可能还原历史真实，在不违背真实的前提下，将故事讲得生动形象。博物馆本身亦具有存史功能。张謇当年曾通过上书、游说等方式呼吁国家办博物馆，认为公共博物馆功能之一就是存史以公诸天下，以物存证，以史服人。他认为"中国世称文明最古之国，作为文明古国，其政治与风俗的沿革、器具器物的制作、自然物品的收集与保存等，当然值得魁儒硕彦研求讨论""上可以保存国学，下可以嘉惠士林"。同时，存物存史，让学校师生及社会大众获取知识，"盖有图书馆、博物院，以为学校之后盾，使承学之彦，有所参考，有所实验，得以综合古今，搜讨而研论之耳""地方人民知识之增进，亦必先有实观之处所"。张謇当年的博物馆思想对今天仍有重要启迪意义。如今，"四史"学习方兴未艾，除了书本外，博物馆的文物、遗存都是非常鲜活的史料，能够"更好发挥以史育人作用"，让人们在倾听历史故事中学史、懂史，提高鉴史能力和欣赏水平，又在触动和感动中汲取正能量。
>
> 三是以文化人。"文"指的是文化，文物背后有历史有故事，历史故事背后蕴含着文化。以文化人是指由"物""史"所体现出的文化来引导人、熏陶人、感化人，使人们的心灵、思想得到浸润和滋养。文化既客观存在，又抽

> **拓展阅读**

象无形。以文化人，博物馆的这个功能和职责在今天越来越受到重视。习近平总书记在南通考察时指出，要把南通博物苑和张謇故居作为爱国主义教育基地。这体现了活化馆藏文物和历史遗存的重要性。文化蕴含于文物之中，人们在观物、品史的过程中，潜移默化受到感染，起到润物细无声的效果，既带给人精神的愉悦和享受，也能领略并感知文化遗产的精髓和力量。

物、史、文三者处于不同的层面。物是看得见、摸得着的，是基础；史是能够领略、感知的，是物与文化的桥梁纽带；而文化则是无影无形的。当然，它虽看不见、摸不着，却又是可意会的。史借助于物得以表达，而文化又附着于物的形体、史的内涵之中。物所展陈的程度、史被挖掘的水平，这二者对文化的揭示都具有重要的影响。

进入新时代，党和国家对博物馆建设提出更高要求，并寄予厚望。同时，科技发展日新月异，智能化突飞猛进，人们的精神追求和欣赏水平也在不断发展变化，需求层次越来越高。因此，要让文物动起来，让博物馆活起来，除了内容的实、形式的美，还要有手段的新、方法的活，充分利用互联网、大数据、新媒体等来获取并释放更多信息。内容、形式、手段、方法四者和谐统一，物、史、文三者融为一体，

拓展阅读

让文物、遗址、文化遗产这些原本冰冷、坚硬的东西变得有情感有温度,变得柔软温润,成为人们眼中的宝、心中的爱,这样才能真正达到以物教人、以史育人、以文化人的目的和效果,才能促使优秀传统文化更加深入人心,以使今人进一步增强文化自信心和自豪感。

让陈列在党史展览馆中的
文物实物"活起来"

吴向东

习近平总书记高度重视党史学习教育，高度重视革命文物工作。党的十八大以来，习近平总书记的足迹遍布革命圣地、红色旧址、革命历史纪念场所，就用好红色资源、赓续红色血脉、传承红色基因作出一系列重要指示。习近平总书记指出，革命博物馆、纪念馆、党史馆、烈士陵园等是党和国家红色基因库。红色资源是我们党艰辛而辉煌奋斗历程的见证，是最宝贵的精神财富，一定要用心用情用力保护好、管理好、运用好。习近平总书记强调，革命文物承载党和人民英勇奋斗的光荣历史，记载中国革命的伟大历程和感人事迹，是党和国家的宝贵财富，是弘扬革命传统和革命文化、加强社会主义精神文明建设、激发爱国热情、振奋民族精神的生动教材。

习近平总书记要求，要充分运用红色资源，深化党史学习教育，赓续红色血脉。

2021年6月18日，习近平总书记来到中国共产党历史展览馆，参观《"不忘初心、牢记使命"中国共产党历史展览》，并带领党员领导同志重温入党誓词。习近平总书记强调，回望过往的奋斗路，眺望前方的奋进路，必须把党的历史学习好、总结好，把党的宝贵经验传承好、发扬好，铭记奋斗历程，担当历史使命，从党的奋斗历史中汲取前进力量。

中国共产党历史展览馆深入学习贯彻习近平总书记的重要论述，深刻领悟"两个确立"的决定性意义，以增强"四个意识"、坚定"四个自信"、做到"两个维护"的政治自觉，把"不忘初心、牢记使命"作为一条红线贯穿中国共产党历史展览始终，充分运用红色资源，展示好党史的主流与本质，使百年党史展览同中国共产党的精神相吻合，充分体现中国共产党百年奋斗的历史和其中蕴含的伟大奋斗精神，反映中国共产党人筚路蓝缕、顽强奋斗的伟大历程，全过程、全方位、全景式展示党的不懈奋斗史、不怕牺牲史、理论探索史、为民造福史、自身建设史。

在党史展览中运用大量有价值、有分量、有代表性，"镇得住""压得住"的红色文物实物，用文物实物说话，以物证史、以物叙事，是《"不忘初心、牢记使命"中国共产党历史展览》的一大特色和亮点。展览共展出文物实物4500多件（套），其中具有代表性的国家一级文物原件420件。这些红色文物实物是中国共产党历史展览馆的重要承载和重要展示，从第一面党旗、军旗，到开国大典

让陈列在党史展览馆中的文物实物"活起来"

毛泽东升起的国旗、习近平总书记授予部队的军旗;从国产东方红拖拉机,到嫦娥五号任务月面展示国旗;从战争年代革命将士的血书,到"不获全胜、决不收兵"的脱贫攻坚责任状……一抹抹红色代表着我们党走过的红色历程、取得的重大成就,展现了我们党的梦想和追求、情怀和担当、牺牲和奉献。展览开幕以来,100 余万人次参观展览,近距离感受这些珍贵红色文物实物带来的温暖与感动、启迪与深思,睹物明史、睹物生情、睹物思人,深刻感受到红色政权来之不易、新中国来之不易、中国特色社会主义来之不易,参观者表示一定要守牢红色江山,赓续红色血脉,使红色基因代代相传。

为深化红色文物研究阐释宣传,不断扩大党史展览馆所陈列红色文物的社会影响,2021 年 11 月至 2022 年 5 月,党史展览馆选取各个时期的经典红色文物实物共 50 件(组),与《学习时报》联合开辟专栏,推出了"红色文物"系列文章,通过讲述文物实物背后的历史细节及其蕴含的价值意义,让陈列在展柜中的文物实物"活起来",发挥党史展览的教育功能,促进党史知识的传播,启发读者在回望党的光辉历程中汲取奋进力量,做到学史明理、学史增信、学史崇德、学史力行。

"红色文物"系列文章呈现了中国共产党人波澜壮阔的百年征程。系列文章选取了各个历史时期、历史节点上有分量、有代表性的文物实物:从李大钊英勇就义的绞刑架,到新时代英模使用过的用品;从毛泽东各种版本的《论持久战》,到邓小平《解放思想,实事求是,团结一致向前看》的讲话提纲手稿;从《共产党宣言》首译本、党的七大使用过的投票箱,到建党百年时铸成的小康宝鼎……一件件文物实物化身为一个个历史片段，串联起中国共产党人百年来上下求索的伟大征程，使读者对党领导人民"站起来、富起来、强起来"的历史脉络形成更为直观的感受、更加生动的理解。

"红色文物"系列文章展现了中国共产党人薪火相传的精神力量。系列文章选取了多位革命烈士、优秀共产党员的遗物或相关文物：《可爱的中国》和《清贫》手稿，记录了方志敏烈士在生命的最后时刻对国家、对民族的无限深情和殷殷期许；留给儿子的简短遗书，写下了赵一曼烈士舍小家、为大家的无悔抉择；敌人杀害刘胡兰烈士所用的铡刀，见证了共产党人宁死不屈的崇高气节，诠释了什么是"生的伟大，死的光荣"；安炳勋、孙占元等烈士在抗美援朝战场上使用的武器，展示了英雄儿女保家卫国的坚定决心，回答了"谁是最可爱的人"；黄文秀生前穿过的马甲，凝结着脱贫攻坚战场上的种种艰难和挑战，见证了新时代中国共产党人用生命谱写的青春之歌。系列文章围绕这些文物实物，阐明历史背景，挖掘历史细节，力求将人物与故事有血有肉地展现在读者面前，在感动人心的同时，使读者深切意识到，正是伟大的精神力量激励鼓舞着一代又一代共产党人前赴后继，为了国家富强、人民幸福而甘于奉献、勇于牺牲。

"红色文物"系列文章梳理了中国共产党人坚持不懈的理论探索。系列文章选取了多份重要的手稿、提纲和重要文献资料：马克思《布鲁塞尔笔记》第四笔记本，是"千年第一思想家"的珍贵手稿，是闪烁在中国共产党人精神殿堂的思想光芒；《共产党宣言》首译本凝结着真理特有的甘甜味道，它的出版标志着中国先进知识分

让陈列在党史展览馆中的文物实物"活起来"

子系统接受马克思主义思想的开端;毛泽东关于调查研究的系列文物,为党留下了一份传家宝,折射出马克思主义与中国具体实际相结合的历史进程;两个"历史决议"本着以史为鉴、开创未来的精神,在重要的历史关头深刻总结历史经验,统一全党的思想,推进党和人民的事业,是党的历史上具有里程碑意义的光辉文献;《实践是检验真理的唯一标准》如春雷乍响,引起了全国范围内轰轰烈烈的真理标准问题大讨论,是推动思想解放的名篇。系列文章介绍这些手稿和文献的主要内容,阐述相关史实,勾勒出党立足于中国革命建设改革的具体实际和基本国情开展理论探索的历史进程,引导读者对党的指导思想的基本内容、发展脉络进一步加深认识和理解。

"红色文物"系列文章歌颂了中国共产党人与人民群众患难与共的鱼水深情。系列文章选取了从群众中征集来的几件文物实物:井冈山时期红军分给农民李尚发的食盐陶罐,是我们党与群众有福同享、有难同当,有盐同咸、无盐同淡的见证;农民唐和恩在淮海战役千里支前路上使用过的小竹竿,刻着一路走过的88个城镇和村庄名称,是数百万群众在解放战争中鼎力支援中国共产党的一个小小缩影;山东栖霞金矿事故中,井下被困人员写下的"联系不到你们,我们就找不到党了"的字条,是人民群众在生命攸关的紧急时刻,对党发自内心的托付与信赖。系列文章深入探究这些平凡之人、平凡之物背后不平凡的故事,向读者展示出了一段又一段温暖人心的历史剪影,生动展现了党与人民群众生死相依、患难与共的鱼水深情,使读者深切感受到江山就是人民、人民就是江山,党同人民群众的血肉联系永远不割裂也不可能分开。

"红色文物"系列文章力求以准确的史实、朴实的文笔、客观的审思、真挚的感情向读者呈现文物背后的故事。在描写展示历史细节的同时，系列文章以直击心灵的语言引发读者的情感共鸣与集体记忆，以深入浅出的方式阐述丰富生动的党的历史，使读者能够在增长历史知识、经受精神洗礼的基础上，直观而又深刻地理解中国共产党为什么能，马克思主义为什么行，中国特色社会主义为什么好，引导广大读者走进党史展览馆，走近红色革命文物，了解党史，引发思考，驻足回味，汲取力量。

"红色文物"系列文章自2021年11月推出以来取得了积极反响，得到了广大读者的充分肯定和好评。各级领导同志、众多专家学者和社会各界人士通过多种渠道表达了对系列文章的赞赏与喜爱，认为文章具有很强的思想性、知识性、可读性，红色文物实物选得好、展得好、写得好，激发了对党史展览和党史学习的兴趣，对于党史学习教育具有很大帮助。学习时报微信公众号定期推送，众多读者点击、阅读、转发，人民网、光明网、中国共产党新闻网、学习强国等权威宣传平台也对文章进行转载和推送，其中，《"千年第一思想家"的珍贵手稿》一文被《求是》杂志转载。

"红色文物"系列文章，形象而生动地展现了珍贵历史文物实物背后的故事，客观而深刻地揭示了文物实物反映的历史规律和精神力量，启发读者更加全面地理解党的百年历史，从而在回望历史的过程中汲取奋勇向前的力量，为推进党史学习教育常态化作出贡献。

《学习时报》2022年7月8日第5版

> 拓展阅读

把革命文物保护好利用好

李 君 乔 霖

习近平总书记指出："革命文物承载党和人民英勇奋斗的光荣历史，记载中国革命的伟大历程和感人事迹，是党和国家的宝贵财富，是弘扬革命传统和革命文化、加强社会主义精神文明建设、激发爱国热情、振奋民族精神的生动教材。"深入学习贯彻党的二十大精神，全面建设社会主义现代化国家、全面推进中华民族伟大复兴，要求我们从革命传统中汲取力量、从革命文化中汲取滋养，充分挖掘革命文物的丰富精神内涵，把革命文物保护好利用好，让革命文物"亮"起来、"活"起来、"热"起来。

科学保护让革命文物"亮"起来。革命文物凝结着中国共产党的光荣历史，展现了近代以来中国人民英勇奋斗的壮丽篇章，具有很强的说服力感染力。我们要像爱护眼睛一样爱护革命文物，坚持全面保护、整体保护，让革命文物焕发恒久光彩。征集革命文物史料，是科学保护的基础条件，是新时代革命文物工作的一项重要内容。我们要加强对革命文

怎样让文物活起来

> **拓展阅读**

物和革命文献档案史料、口述资料的调查征集工作,做好馆藏革命文物的认定、定级、建账和建档工作,建立革命文物大数据库,推进革命文物资源信息开放共享。对外展示的革命文物,往往需要精细整理与修复。要坚持在保护中利用、在利用中保护,着力加强革命文物保护修复,让革命文物再现历史原貌,切实把红色资源传承好,更好发挥革命文物在开展爱国主义教育、培育社会主义核心价值观、实现中华民族伟大复兴中国梦中的重要作用,促进红色基因代代相传、革命文化传承发展。

加强阐释让革命文物"活"起来。革命文物记录着革命历史事件,记录着革命人物的生平,记录着革命历史故事,有着丰富的精神内涵,是我们党团结带领人民不忘初心、继续前进的重要力量源泉。强化革命文物的教育功能,需要进一步深化革命文物的研究和阐释工作,不断提升革命文物公共服务水平和社会教育效果。其中一项重要工作,就是深入挖掘革命文物背后的故事,让一件件革命文物有血有肉、有神有魂,不仅展现可歌可泣的峥嵘岁月,更彰显中国共产党人的理想追求与使命担当。这就要求我们用好用活革命文物,做到有址可寻、有物可看、有史可讲、有事可说。展陈大纲、实物说明、讲解内容,不仅要见物、见景,更要见

> **拓展阅读**

人、见思想、见精神，让革命文物"活"起来，声情并茂讲好革命文物背后的故事，让人民群众从这些饱含温度的故事中获得思想感悟和精神洗礼，充分发挥革命文物服务大局、资政育人和推动发展的独特作用。

创新传播让革命文物"热"起来。革命文物以无声的形式讲述着"红色政权是怎么来的、新中国是怎么来的、今天的幸福生活是怎么来的"。发挥好革命文物激发广大干部群众精神力量的重要作用，就要大力推进体制机制、方法手段改革创新，让革命文物在人民群众中"热"起来。例如，创新革命文物传播方式，推动革命传统教育进学校进教材进课堂，编纂出版系列革命文物知识读本；用好多媒体资源，推进"互联网＋革命文物"，对革命文物进行全景式、立体式、延伸式展示宣传；深入挖掘革命文物的价值内涵和文化元素，运用市场机制开发更多文化创意产品；等等。通过创新传播方式、拓展利用途径，在确保革命文物的历史真实性、风貌完整性和文化延续性的前提下，不断增强革命文物的生命力和影响力，不断拓展社会教育覆盖面。

22

切实发挥博物馆保护和传承人类文明重要场所作用

王春法

党的十八大以来,习近平总书记站在中华民族伟大复兴战略全局和世界百年未有之大变局的战略高度上,多次就文博考古工作发表重要讲话,作出重要指示批示。在中国国家博物馆创建110周年之际,习近平总书记给中国国家博物馆老专家回信,突出强调"博物馆是保护和传承人类文明的重要场所,文博工作者使命光荣、责任重大"。广大文博工作者一定要深刻领会习近平总书记关于文博工作重要论述的精神实质和丰富内涵,准确把握新时代博物馆事业发展面临的战略机遇和职责任务,切实担负起时代赋予的责任与使命,开拓创新、奋发有为,努力在全面建设社会主义现代化国家新征程上谱写新的华彩篇章。

一个博物院就是一所大学校

随着世界经济社会的迅速发展，博物馆已经成为创造传播新知和人类文明的重要窗口，成为促进国际文化交流的重要平台。习近平总书记强调，一个博物院就是一所大学校。当今世界，博物馆的数量和质量已经成为衡量社会文明程度和经济发展水平的标志。

博物馆已经成为重要文化客厅。博物馆是系统完整展示一个国家、一个民族历史文化艺术成果的重要窗口，在文化事业发展中对内发挥文化地标功能，对外发挥文化客厅作用，而藏品丰富、种类繁多、社会影响大的博物馆则往往因为国际观众占比高而进一步上升成为国家文化客厅。

博物馆数量已经成为重要文化发展指标。博物馆事业的发展与国家经济发展以及社会文化生活水平之间有着十分密切的关系。博物馆发展需要雄厚的物质经济基础作为后盾。随着人民物质生活水平的提高，丰富多彩的精神文化生活需求成为社会发展的重要方向，博物馆数量已经成为重要文化发展指标。

博物馆观众人数已经成为反映社会学习参与程度的重要风向标。国家文物局数据表明，我国博物馆每年举办各类展览 3.6 万个，推出各类丰富多彩的教育活动 32.3 万场，观众人数超过 12 亿人次，成为最大的校外教育体系。由于博物馆的观众涵盖不同年龄层次和职业群体，到馆参观人数既反映了博物馆的社会影响范围所及，也在很大程度上反映了社会终身教育和终身学习的发展水平。

怎样让文物活起来

新时代博物馆发展面临重大机遇

改革开放以来特别是党的十八大以来,我国博物馆事业出现空前繁荣发展的大好局面,基本形成了门类丰富、特色鲜明、专题突出、分布广泛的发展格局。充分认识新时代博物馆事业发展新形势新特点,有助于做好新时代新形势下博物馆工作。

以习近平同志为核心的党中央的高度重视,为博物馆事业发展创造了良好的政治氛围。习近平总书记高度重视文博工作,多次主持中央政治局集体学习,亲自谋划推动建成了中国共产党历史展览馆,在各地考察时也经常将参观调研博物馆、纪念馆作为重要行程,先后130多次对博物馆工作作出重要指示批示,内容涉及增强历史自觉坚定文化自信、加强文物保护、博物馆建设、让文物活起来、促进文明交流互鉴等方方面面,深刻阐明了当代文博工作者所担负的重要使命任务,为我们做好博物馆工作指明了前进方向,提供了根本遵循。中央召开全国文物工作会议、全国革命文物工作会议等,印发《关于实施中华优秀传统文化传承发展工程的意见》《关于加强文物保护利用改革的若干意见》《关于实施革命文物保护利用工程(2018—2022年)的意见》《关于推进博物馆改革发展的指导意见》等重要文件,对文博事业改革发展作出总体部署和具体安排,为做好新时代博物馆工作创造了良好的政策环境。

人民群众不断提高的精神文化需求是博物馆事业发展的直接动力。随着全面建成小康社会,人民群众物质生活水平得到充分保障,精神文化需求进一步凸显,社会公众希望通过博物馆接触和系统认识中国文化的意愿越来越强烈。当前全国备案博物馆已达6183家,年接待观众最高达 12.27 亿人次。在网上观看展览、欣赏文物，在购物车里"考古"、在电商平台上"博物"，也使博物馆各种公共文化创意产品成为文化消费新的增长点。这就要求文博工作者必须坚持以人民为中心的发展思想，不断推进深化供给侧结构性改革，不断策划推出更多优质公共文化产品，不断满足人民群众日益增长的对高品质精神文化生活的强烈需求。

文物考古繁荣发展为博物馆工作提供了重要支撑。近年来，在以习近平同志为核心的党中央关心支持下，文物保护力度不断加大，考古事业蓬勃发展，研究成果不断涌现，学术交流日益繁荣，中国特色、中国风格、中国气派的考古学建设迈出坚实步伐，为博物馆展览以物说史、以物释史、以物证史提供了丰富的实物资源。特别是中华文明探源工程等重大考古工程，以大量的考古发掘品和坚实的科技分析成果，实证了我国百万年的人类史、一万年的文化史、5000 多年的文明史，为博物馆更加完整准确地讲述展示中国古代历史，更好发挥以史育人作用、提升中华文明影响力和感召力提供了重要支撑。

信息网络技术快速发展为博物馆工作开辟了巨大空间。当今世界，科学技术发展迅猛，以大数据、云计算、人工智能为代表的信息网络技术为博物馆行业注入新的发展活力，对博物馆业态模式演变提供了广阔空间。三维数字扫描技术推动文物资源数据采集和共享，陈列展览、社教传播等业务迅速向网络化、数字化、智慧化方向转型发展，构建出线上线下相融合、"云端"实体相融合的全新体验。科技成为文博事业腾飞的加速器，智慧博物馆建设迅速发展，中国国家博物馆首倡的"透彻感知、泛在互联、智慧融合、自主学习、迭代提升"的技术路径正在成为业界共识，智慧保护、智慧展示、智慧服务、智慧管理成为主要应用场景，极大促进了博物馆组织形态、征藏手段、展陈方式、观众服务、运维保障等方面的改革转型发展。

勇敢担负起时代赋予的责任和使命

习近平总书记在给中国国家博物馆老专家的回信中，明确要求"坚持正确政治方向，坚定文化自信，深化学术研究，创新展览展示，推动文物活化利用，推进文明交流互鉴，守护好、传承好、展示好中华文明优秀成果，为发展文博事业、为建设社会主义文化强国不断作出新贡献"。这就要求文博人勇敢担当起时代赋予的使命任务，坚守中华文化立场，增强历史自觉、坚定文化自信，努力把博物馆的优势和作用充分发挥出来。

系统完整反映民族复兴的伟大进程。如果没有中华五千多年文明，哪里有什么中国特色？如果不是中国特色，哪有我们今天这么成功的中国特色社会主义道路？中国国家博物馆就是要把全面展示中华文明起源和发展的历史脉络、中华文明取得的灿烂成就、中华文明对人类文明的重大贡献作为义不容辞的职责和使命，通过系统完整呈现中华文明的绵延不绝和灿烂辉煌来展示中国特色的历史渊源和中国特色社会主义道路的历史必然，展示马克思主义基本原理同中国具体实际相结合、同中华优秀传统文化相结合的历程和成果，努力为构建人类文明新形态提供坚实理论支撑，引导观众不断增强历史自觉、坚定历史自信。

深入研究挖掘阐释文物的多重价值内涵。文物承载灿烂文明，传承历史文化，维系民族精神，是增强文化自信的重要资源。我国博物馆大多是历史类博物馆，藏品历史跨度大，形态丰富多样，是中华文化的代表性物证。通过扎实深入的学术研究，把文物蕴含的多重价值内涵充分挖掘出来，面向社会公众加以系统阐释，不仅可以达到以物证史、以物说史、以物释史的目的，而且能够起到以史明理、以史育人、以史启智的重要作用，提升全社会审美情趣。

创新展览展示方式，打造更多中国风、红色调、年轻态的展览品牌。一方面，要积极主动应用最新数字信息技术，改变由物到人这一界面的沟通互动形式，让文物从静态展示转为与动态呈现并存，增强互动性和体验感，让更多的展览具有中国风、红色调、年轻态；另一方面，又要加大策展体制机制改革力度，把策展能力作为博物馆核心竞争力来培育和提升，最大限度调动激发策展人员积极性、主动性、创造性，从内容设计、空间设计、形式设计和灯光设计等多方面提高能力水平，打造立得住、树得起、叫得响的原创展览品牌。

千方百计让文物真正活起来，丰富人民文化滋养。推动文物活化利用，最关键的是要让文物走出库房，让文物与观众见面。近年来，文博部门单位积极探索、开拓创新，不仅积极主动将藏品数据资源利用到展览中，运用高科技手段把文物所蕴含的丰富文化信息科学精准地展示出来，让观众看得更清楚、更明白、更过瘾，而且走出了电视直播、舞台表演、沉浸式体验、虚拟展厅、网络短视频等广受欢迎的文物活化新路子。许多博物馆还充分运用信息网络技术，向线上拓展、向云端延伸，全力打造云展览、云博物馆，极大丰富了公众精神文化生活。与此同时，博物馆普遍拓宽视野，强化传播体系建设，加大馆际文物交流、联合办展、巡回办展力度，加强文创产品研究开发，开发出数字藏品等有特色、有内涵、制作精美的文化创意产品，让文物资源活起来，让更多的人能够把博物馆带回家。

积极推进文明交流互鉴，塑造可信可爱可敬的中国形象。博物馆是保护和传承人类文明的重要殿堂，也是文明交流互鉴的重要平台，通过博物馆推进以文物为载体的交流互鉴，有助于进一步拉紧不同文明之间的人文纽带，促进不同文明民心相通。2020年以来，中国国家博物馆倡议成立丝绸之路国际博物馆联盟、金砖国家博物馆联盟、全球博物馆馆长论坛等对外交流平台，连续倡导举办两届全球博物馆珍藏展示在线接力活动，全球联动、全程在线、全网接力，运用"5G直播环境+8K拍摄/制作/大屏呈现+AR动画特效"相结合的新技术增强可看性和互动性，虚拟成像、三维建模等技术也增强了文物动态展示的效果，既向全世界讲好中国故事，真实、立体、全面地展示中国形象，也让国内外观众都可以在线共赏馆藏精品文物，感受人类共同价值的巨大魅力，激发推动构建人类命运共同体的内生动力。

健全征藏体系，留存时代物证。我国各种历史文化遗存极为丰富，择其精者优者作为不同时代的代表性物证入藏博物馆，这是博物馆人必须担负起来的使命任务。新中国成立以来特别是改革开放以来，经过一代代文博人的持续不懈努力，我国可移动文物总量达到

1.08亿件（套），博物馆藏品总量也有了质的跨越，超过4200万余件（套）。博物馆征集收藏工作应该紧跟时代，既要推动健全优化考古出土文物和执法部门罚没文物移交工作机制，也要切实树立为未来而收藏的科学理念，突出革命文物工作"一条主线、两个见证"，着力搜集整理反映当代中国发展变化的代表性物证资源，努力当好新时代发展的积极参与者、可靠见证者、忠实记录者和科学保存者，切实履行好留存民族集体记忆、传承国家文化基因的重要职责。

千秋基业、人才为本。人才是博物馆事业发展的第一资源，领军人才缺乏是各博物馆普遍面临的突出问题。要积极主动顺应时代发展的新变化，切实提高对文博人才队伍建设的关注度，深刻认识、准确把握博物馆人才成长规律，下决心采取超常规措施，从根本上解决重硬件建设、轻人才养成问题，着力培养一大批政治清醒、功底深厚、业务精湛的领军、拔尖、骨干文博人才，引导激励文博工作者择一事终一生，用专业与坚守诠释岗位的责任和担当，用决心与恒心不断深化学术研究，提升馆藏研究水平和成果转化能力，在活态展示与创意传播中充分阐释社会主义先进文化、革命文化和中华优秀传统文化，努力在平凡的工作岗位上成就不平凡的事业，不负韶华、不负重托，对内做领军人才、对外当文化使者，守护好、传承好、展示好中华文明优秀成果，讲好中国故事，传播好中国声音，塑造好可信可爱可敬的中国形象，为发展文博事业、为建设社会主义文化强国不断作出新贡献。

《学习时报》2022年10月5日第1版

> 拓展阅读

涵养文化自信　博物馆大有可为

朱建军

2022年7月，习近平总书记在新疆考察期间，参观新疆维吾尔自治区博物馆《新疆历史文物展》、观看民族史诗《玛纳斯》说唱展示时指出："要加强中华民族共同体历史、中华民族多元一体格局的研究，充分挖掘和有效运用新疆各民族交往的历史事实、考古实物、文化遗存，讲清楚新疆自古以来就是我国不可分割的一部分和多民族聚居地区，新疆各民族是中华民族大家庭血脉相连、命运与共的重要成员。"7月16日，《求是》杂志发表习近平总书记题为《把中国文明历史研究引向深入，增强历史自觉坚定文化自信》的重要文章。这些都体现了以习近平同志为核心的党中央对中国文明历史研究和文物保护活化利用工作的高度重视。保护和传承人类文明的博物馆，迎来千载难逢的发展黄金期。增强历史自觉、坚定文化自信，博物馆大有可为。

坚定文化自信，让博物馆为历史研究、文物保护和展示利用提供更好条件和服务，真正成为传承中华优秀传统文化

拓展阅读

的大学校、大舞台。党的十八大以来，我国博物馆事业发展取得历史性成就。博物馆体系布局逐步优化，目前全国备案博物馆已有5788家，类型丰富、三体多元的现代博物馆体系基本形成。"一个博物院就是一所大学校"，一所所保存着中华民族优秀传统文化遗存、积淀和丰硕成果的"大学校"，就是我们民族生生不息薪火相传的根脉所在。博物馆是厚植家国情怀的重要场所，是维护国家文化安全的重要阵地，更是弘扬中国精神、凝聚国家认同、增强历史自信的文化卫士。

我们要不断优化博物馆布局、创新博物馆体制、完善博物馆功能，让埋藏在国家宝藏、历史遗存、古籍文献中的无数个中华优秀传统文化因子焕发出新的生命，让它们成为中华民族伟大复兴路上鉴古知今的"参谋"和"顾问"。只有充分挖掘和有效运用博物馆中历史展览、考古实物、文化遗存这些"参谋"和"顾问"，中华民族共同体历史、中华民族多元一体格局的研究才能更加深入，中华文明探源工程才会有更扎实的依托。

坚定文化自信，让博物馆里的更多文物和文化遗产活起来。让历史说话，让文物说话，要在文物的活化利用上下功夫。通过深入历史研究，解读文物故事，让文物说话、把历史智慧告诉人们，激发我们的民族自豪感和自信心，坚定全

> **拓展阅读**

体人民振兴中华、实现中国梦的信心和决心。正如习近平总书记所强调的,搞历史博物展览,为的是见证历史、以史鉴今、启迪后人。而放眼国际,文物真正活起来,不仅可以成为扩大中华文化国际影响力的重要名片,更重要的是,其所承载的中华文明也将与其他丰富多彩的文明一道,为人类提供正确的精神指引和强大的精神动力。

坚定文化自信,继续发挥好博物馆文明交流互鉴中心的作用。党的十八大以来,全国博物馆藏品从2012年的2318万件(套)发展到2019年的近3955万件(套)。可以说,这近4000万件(套)馆藏文物是泱泱中华文明为人类文明留下的丰富文化遗产,而且这些遗产属于中华民族,属于全人类。这些遗产自身就带着多元文化符号,它们是各个民族、各个国家交流互鉴的产物。作为收藏和保护文化遗产的博物馆,要继续发挥好文明交流互鉴的重要作用,加强国际间文化交流文明对话,不断提升中华文化国际影响力,让世界读懂中华文明,读懂中国,为构建人类命运共同体贡献力量。

建设长城国家文化公园
打造中华文化重要标志

邹统钎

国家文化公园建设工作领导小组印发的《长城国家文化公园建设保护规划》《大运河国家文化公园建设保护规划》《长征国家文化公园建设保护规划》要求，各相关部门和沿线省份结合实际抓好贯彻落实。国家文化公园是国家推进实施的重大文化工程，通过整合具有突出意义、重要影响、重大主题的文物和文化资源，实施公园化管理运营，实现有效保护与利用，形成中华文化重要标志。

长城、大运河、长征、黄河国家文化公园，涵盖我国29个省市自治区，建设任务艰巨、时间紧迫。按照《长城、大运河、长征国家文化公园建设方案》，国家用4年时间，到2023年基本建成，并且完成修订制定法律法规、编制建设保护规划、实施文物和文化资源保护传承利用协调推进基础工程、完善国家文化公园建设管理体制机制四项主要任务。

《长城国家文化公园建设保护规划》强调,整合长城沿线15个省区市文物和文化资源,按照"核心点段支撑、线性廊道牵引、区域连片整合、形象整体展示"的原则构建总体空间格局,重点建设管控保护、主题展示、文旅融合、传统利用四类主体功能区,实施长城文物和文化资源保护传承、长城精神文化研究发掘、环境配套完善提升、文旅深度融合、数字再现工程,突出标志性项目建设,建立符合新时代要求的长城保护传承利用体系,着力将长城国家文化公园打造为弘扬民族精神、传承中华文明的重要标志。

第一,文化铸魂的建设奠定基础。长城国家文化公园建设必须忠实锚定长城本身的核心价值与意义,同时这些价值与意义必须通过载体(文化遗产与非物质文化遗产)具化成为可视化与可体验的参观或者旅游产品和服务。

建设长城国家文化公园,关键是锚定长城文化的灵魂。长城历来被视作中华民族精神文化图腾,它不仅是物质文化遗产,还是一套不断演进的军事防御体系与政治管理方式,是农耕民族与游牧民族实现军事、经济、文化碰撞交流的界面与窗口,是中华民族多元一体格局形成、发展过程的见证。

建设长城国家文化公园,要深入挖掘长城文化价值,探索长城文物和文化资源保护传承利用新路径,打造全球线性文化遗产保护、传承、利用示范基地,将长城国家文化公园建设成为科学、历史、环境和爱国主义教育的重要场所。长城国家文化公园建设需要打造一系列标志性的长城文化载体，长城文化符号需要经过可视化与体验化转换，才能成为消费品。因此必须通过文物修复、文化品牌、企业商号、产品商标等载体将长城文化生动形象地展示出来。

长城文化铸魂需要实现理念上的根本改变，需要从"整旧如旧"的长城修缮转换到长城历史价值保护，从长城文物保护转换到长城文化遗产保护。长城文化遗产管理对象需要从物质文化遗产延展到非物质文化遗产；长城遗产的外延从历史古迹转变为文化意义；长城文化遗产管理准则从真实性拓展到完整性与多样性；长城遗产保护模式从抢救性技术核心拓展到预防性综合管理；长城文化遗产保护利用的技术准则从单一普适走向因地制宜与多元具体。

第二，管理体制的改革决定未来。国家文化公园建设较为关键的一步是管理体制改革。长城国家文化公园沿线地区以往长期存在的"多头管理、遗产地人口众多、土地产权复杂、资金保障不足、跨区域协调困难"的现实，需借鉴各国先进经验，解决"人地约束"问题和"权钱难题"，需要坚持保护优先，强化传承，坚持整体性保护与融合性发展。

对长城国家文化公园内部全国重点文物保护单位、国家重点风景名胜区、国家考古遗址公园、国家历史文化名城、中国历史文化名镇名村等交叉重叠、多头管理的碎片化问题需要解决，要构建科学的文化遗产地管理体系，建立统一、规范、高效的国家文化公园管理体制。

各地在推进国家文化公园建设中，在资金机制、法律法规保障机制建设等方面形成了一系列创新做法。长城沿线经济发达程度差异悬殊，需要因地制宜，建立"拨款+专项+债券+基金"复合资金机制。经济发达地区需要充分发挥地方与市场作用，西部贫困地区需要加大转移支付与政府扶持。

在区域协调上，需要因地制宜，分类指导。有统有分、有主有次，分级管理、地方为主，最大限度调动各方积极性，实现共建共赢。生产性保护也是长城文化遗产社会化保护和长效传承的重要方式。长城国家文化公园范围内居民众多，需要兼顾遗产保护与地方民生，既要实现遗产的整体性与真实性保护，又要让文化遗产活在当下，成为"活的人类财富"。

在法律法规保障机制上，长城沿线各省市虽然出台了保护条例，但都是纲领性文件。长城保护监督立法和司法实践工作仍存在不匹配、不适应、不完善等突出问题。河北、山西等地启动制定长城保护管理办法或条例，通过制定地方性法律法规和修订已有法律法规的方式，为长城国家文化公园建设与管理提供法律支撑。

《中国旅游报》2021年10月14日第3版

> 拓展阅读

释放黄河文化展示的博物馆"合力量"

彭 蛟

2022年7月，国家文物局等部门联合印发《黄河文物保护利用规划》(以下简称《规划》)，这是国家层面首次将黄河流域文物保护利用工作作为规划对象。在大运河、长城、长征、黄河、长江等国家文化公园建设陆续推进的背景下，《规划》的制定将为保护、研究、利用、传承黄河文化提供引领和保障，推动文物资源更好转化为高质量发展动力。其中，充分发挥博物馆理念、场所和技术优势，将为"保护黄河、展示黄河"贡献重要力量。

推进黄河文物保护展示主题的内涵整合

主题展示、"讲故事"是博物馆展示的基本形式。文化遗产整体保护观、黄河线性文化遗产特点、国家文化公园建设需要，都要求对黄河文化的内涵进行整合与展示，讲好黄河文化故事。一是以博物馆体系的完善促进整合。截至2021年，我国6183家已备案博物馆中，名称中含"黄河"的有

怎样让文物活起来

拓展阅读

14家,均未定级,其中12家为行业和非国有博物馆。除了在建的黄河国家博物馆和部分考古遗址博物馆外,国家和省级层面黄河文化专题馆、特色馆还较为缺乏,符合黄河文化整体展示要求的博物馆体系还有待进一步完善。二是以核心价值的对接展示促进整合。黄河流域涉及9省区,可分为河湟、关中、三晋、河洛、齐鲁等文化圈,文化价值可分为"人类发源""文明历程""生产生活""水利遗产""水陆交通""艺术荟萃""民族融合""人文景观""革命传统"9个方面。后续建设中,在规划引领的同时,还应积极发挥黄河流域博物馆联盟等平台的作用,统筹谋划展示内容,发挥各地、各馆特色优势,深入对接核心价值体系。

推进黄河文物保护展示场所的时空缀合

物、空间、人三者关系的处理是博物馆展示的基础,《规划》将进一步推进文物保护从资源管理向空间管理提升。在展示空间的谋划中既要考虑历史文化背景,又要兼顾社会经济和自然空间。一是盘活存量。近年来,不可移动文物修缮取得一定成绩,展示利用成为重点。《规划》鼓励利用文物建筑建设专题性黄河文化博物馆,依托古村古镇、名人故居、会馆商号、革命文物、工业遗产现有场馆改造,建

> **拓展阅读**

设黄河文化专题展厅，在"保下来"的基础上让文物"活起来""火起来"。二是做好增量。考古遗址博物馆、石窟寺遗址博物馆、考古遗址公园现场展示等陆续出现的新展示空间，兼具文化、休闲与娱乐的多重属性，是文旅融合的重要抓手，其展示内容、形式、参观感受与传统博物馆不同，在具体的实施环节，应该区别对待。在一些发展成熟的自然景区，还可通过改扩建等方式，增加黄河文化展示区域。这一方面可增加景区的文化内涵，另一方面也能降低新建博物馆后续运营成本。

推进黄河文物保护展示利用的多维融合

在移动互联网时代，博物馆早已"出圈"，展现出与各领域深度融合的可能性，不过对文物内涵有效展示仍是其根本。一是以优化展示为落脚点，拉动上游的资源普查、文物保护、文化基因解码和展示创意创作等相关模块流程。可通过设立重大考古项目展示利用转化专项，推动展示利用与发掘研究同步进行。统筹黄河流域在建展示利用项目，设立黄河文化精品展示专项，鼓励展览展示创新。二是以优质展示为基础，扩展线上线下衍生的无限可能性。除了《规划》提到的建立数字展示平台、全媒体传播矩阵等措施，近年在研

拓展阅读

学、影视、真人秀、网络游戏、密室逃脱、剧本杀、数字藏品、元宇宙等各领域都出现了文物的身影。在私人定制流行的当下，面向小众的利用方式往往能与市场深入接轨，为博物馆的运行"造血"。综合运用多种形式，或将能真正实现全时段、分众化、多视角、沉浸式诠释和传播黄河文化的内涵、精神实质和时代价值。

不断推进新时代文物博物馆事业高质量发展

顾玉才

党的十八大以来,我国博物馆事业进入加速发展时期。截至 2022 年 7 月,全国博物馆总数增加了 2317 座,国家一、二、三级博物馆总数从 542 家增长到 1224 家,非国有博物馆快速发展,每年有 10 多亿观众到博物馆参观,全国博物馆总数、质量、结构和服务更加优化均衡,博物馆国际影响不断提升。在中国国家博物馆创建 110 周年之际,文物和博物馆工作得到习近平总书记的肯定。我们要以此为契机,进一步加强宣传,掀起学习热潮,使博物馆成为弘扬中华优秀传统文化、培育社会主义核心价值观的重要阵地。

习近平总书记高度关心文物博物馆工作。他强调"一个博物院就是一所大学校",指出"博物馆是保护和传承人类文明的重要殿堂，是连接过去、现在、未来的桥梁，在促进世界文明交流互鉴方面具有特殊作用""中国各类博物馆不仅是中国历史的保存者和记录者，也是当代中国人民为实现中华民族伟大复兴的中国梦而奋斗的见证者和参与者"。习近平总书记给中国国家博物馆老专家的回信再次对文物博物馆工作提出殷切希望，明确博物馆宗旨定位、指明发展方向。我们要按照习近平总书记指示精神，聚焦主业，坚守文物博物馆工作公益属性，发挥好综合性大馆的辐射带动作用和中小博物馆基本文化权益保障功能，鼓励行业博物馆建设，引导规范非国有博物馆发展，深化学术研究，创新展览展示，推动文物活化利用，推进文明交流互鉴，守护好、传承好、展示好中华文明优秀成果，不断推进新时代文物博物馆事业高质量发展。

习近平总书记指出，博物馆是保护和传承人类文明的重要场所，文博工作者使命光荣、责任重大。我们要按照习近平总书记指示要求，切实提升政治意识、使命意识、责任意识，坚持改革发展，按照《关于推进博物馆改革发展的指导意见》，坚持守正创新，做好统筹规划，督促落实地方主体责任，深入推进博物馆管理体制改革、人事制度改革等重点改革任务的落实，支持多元主体参与博物馆建设和运营管理，形成布局合理、结构优化、特色鲜明、体制完善、功能完备的博物馆发展格局。推动博物馆与教育、旅游、商业、设计等行业跨界融合，不断激发提升博物馆发展活力，为发展文博事业、为建设社会主义文化强国不断作出新贡献。

《中国文化报》2022年7月13日第2版

拓展阅读

守护古建，留住文化传衍中的立体记忆

宁德鹏

古建筑是几千年中华文明的亲历者，是中华文化历经发展的见证。斗转星移，岁月涤荡，古建筑在时间流转中或已残缺不全，或已是断壁残垣，迫切需要修复师用技艺重现"记忆"，使古建筑"回春""驻颜"。

近年来，全国各地涌现出一批青年古建筑修复从业者，他们用建筑说话，让历史发声，使古建筑得以完整修复的同时，提高古建筑展示传播水平，为传承中华优秀传统文化，满足人民日益增长的精神文化需求不断作出新贡献。要使古建筑重焕神奇，古建筑修复从业者既要怀揣着赤诚之心，又要坐得了"冷板凳"，把看似平淡的修复工作做得有生机、有活力。一个雕件，反复对比，经由精细雕琢方可成功；一片墙瓦，一根立柱，历经多道工序方可使用；从斗拱比例、彩画等级到屋顶形态，每个细节都是匠心的体现。

在他们的青春故事里，悠久历史与新的时代得以相遇，他们深入钻研，积累知识，在修复过程中总结新经验，获取

> **拓展阅读**

新信息，拓宽新思路、新视角，通过VR等新技术，运用短视频等新媒介提高古建筑展示传播水平，提升着全社会的古建筑保护意识。

古建筑是承载中华文化、中国精神的价值符号。每一个古建筑都承载了历史的脉络，文化的发展。秦汉、唐宋、明清，各个朝代古建筑所表达的审美情趣、文化精神都是不同的；北方的红墙绿瓦庄重浑厚，江南的白墙青瓦清新淡雅，地域不同，古建筑所体现的风格、特色也不同。

历史文化遗产承载着中华民族的基因和血脉，不仅属于我们这一代人，也属于子孙万代。正因为青年古建筑修复从业人员从繁复工序中使古建筑得以复原与重现，使我们有了更多的建筑标本，从中不断汲取中华优秀传统文化滋养，领悟"天人合一""自强不息""厚德载物"的精神内涵；正因为他们的勤奋工作和创新探索，让人们有更多机会通过古建筑这一中华文明的智慧结晶，激发我们的民族自豪感与信心，从而有利于我们在现实实践中坚定历史自信、文化自信。

古建筑保护是一项长期的、繁杂的工作，需要更多的专业化人才投身其中。目前来看，古建筑修复行业存在专业化人才缺乏、职业教育精准化程度不高等困难，存在从业人员水平参差不齐、晋升空间受限、专业教育与实际需求不相适

> **拓展阅读**

应等现象。这告诉我们，在培养体系、保障机制等方面，应更加注重从业者的现实诉求，让他们没有顾虑地坚守"初心""匠心"。近年来，国家各个部门针对此类情况进行了诸多努力。国家文物局与人社部共同颁布了《文物修复师国家职业技能标准（2021年版）》，对文物修复师的职业等级、职业技能、技术要求进行部署，规范了文物修复师的职业管理，使文物修复师的技能评价更加科学化。

未来，我们还要做更多努力，让建筑说话，让历史说话，让文化说话，让古建筑修复传承和弘扬历史文化的重要功能得以更大程度发挥。希望更多的有志青年能投身古建筑修复行业，在这里挥洒青春、贡献智慧、收获人生的价值。

把新时代文博领域改革发展的重任落到实处

李 游

2022年7月，习近平总书记给中国国家博物馆老专家回信，黄坤明出席中国国家博物馆创建110周年座谈会并发表讲话，充分体现了党中央对文化文物工作的亲切关怀、对文博战线的殷切期望，为推动全国博物馆高质量发展提供了根本遵循、指明了前进方向。深入学习领会习近平总书记回信的深邃内涵，并将其融会到贯彻落实习近平总书记关于文物工作的系列重要指示精神的生动实践之中，将引领我们更加深刻地认识和把握文博工作的职责使命，把新时代文博领域改革发展的重任扛在肩上、落到实处。

面向新时代、新未来，聚焦新目标、新任务，广大文博工作者更要时刻牢记习近平总书记的谆谆教诲和殷切嘱托，努力为繁荣文博事业、建设文化强国、实现民族复兴作出积极贡献。

一要融入生活，服务人民。习近平总书记指出，让收藏在博物馆里的文物、陈列在广阔大地上的遗产、书写在古籍里的文字都活起来。我们要坚持回归社会，激活文物的生命力。不断优化传播内容、丰富传播渠道，使中华优秀传统文化在新时代焕发新的生命力、展现新的活力。

二要面向未来，拓展功能。习近平总书记指出，一个博物院就是一所大学校。如何让博物馆收藏的文物资源转化为人们感兴趣的知识、喜欢听的故事，让博物馆为人们提供精神滋养和文化熏陶，是博物馆人需要不断思考的命题。疫情期间，北京鲁迅博物馆提出"闭馆不闭展"理念，迅速由线下转为线上，率先在全国开展网上直播活动，仅2020年上半年就组织了5组13场网上直播，在线观众达6000万人次。我们积极拓展服务社会功能，参与京津冀博物馆联盟建设发展，与武汉经济开发区合作建设鲁迅书店（美术馆）项目，与国家文物局机关服务中心联合申报北京西城区绍兴会馆活化利用项目，推动建设全新概念的线上博物馆，着力把北京鲁迅博物馆建设成为国内领先、国际一流的人物纪念类专题博物馆。

三要改革创新，推动发展。习近平总书记在回信中明确指出，要深化学术研究，创新展览展示。北京鲁迅博物馆党委认真贯彻落实《关于推进博物馆改革发展的指导意见》和全国博物馆改革发展工作座谈会精神，紧紧围绕研究型、智慧型、绿色博物馆建设，努力推进各项改革措施的落实。

《中国文化报》2022年7月13日第2版

文创设计助力红色文化传承

张 超 尹香华

中国共产党的百年发展历程,既是物质成就积累攀升的过程,也是精神文明赓续闪耀的过程。红色文创设计是让革命事业薪火相传、血脉永续的重要载体,发展红色文创产品、让文创设计助力红色文化传承具有重要现实意义。

在文化产业蓬勃发展的今天,红色文化元素被赋予更多的内涵和较高的艺术价值。近年来,依托红色文化资源开发的文创产品,一方面在文化挖掘的深度上不断提升,更具感染力和收藏价值;另一方面也在潮流化和年轻化上下功夫,具有更好的市场价值和用户美誉度。

从"高冷范儿"到"新鲜潮品"

红色文创产品是当今文创产品领域的一种独特形式,具有鲜明的时代特征、价值功能与政治诉求。红色文创产品突出"红色"特性,结合现代设计语言,用灵活多样的物质载体讲述内涵丰富的"红色故事",实现了历史语境与历史形

拓展阅读

象的还原再现，不仅是红色历史与艺术语言的融合体现，也是引导和教育民众的有益艺术形式。

红色题材纪念品早已有之，早期多以旅游商品的形式出现，一般是简单的挂件、纪念币、书刊等形式。在建党百年的庆祝热潮中，红色文化越来越深入人心，许多表现革命历史题材的影视剧受到年轻人的喜爱，带动了红色文创产品的热度。中国国家博物馆的"新青年""社会主义核心价值观"系列、中共一大纪念馆的"树德里"系列、毛泽东故居纪念馆的"奋斗少年"系列、南昌八一起义纪念馆的"军旗升起""军事纪要"系列……不仅具有浓浓的革命历史气息，而且新颖有趣、精美别致，使得红色文创从"高冷范儿"变成了兼具"质量"和"流量"的新鲜潮品。

打造好的红色文创产品，要从百年党史中汲取智慧源泉，激发红色灵感，创造出集实用性、互动性、传播性于一体的优秀作品。

我们看到，在进行红色文创产品设计时，应该深挖深厚的红色文化内涵和丰富的红色文化资源，与时俱进，重视文化提炼、重塑和再造，提升产品价值；需要有效把握和提炼产品的文化性，使之具象到可以感知并且具有实用功能，让消费者在认同"红色文化"精神内涵的同时，体会到其物质

> **拓展阅读**

载体的归属感；重视创意创新及功能性，合理分类消费人群，加强对年轻消费群体的吸引力；注重市场化营销及传播模式，借助数字化技术释放和提升红色文物的资源潜能，加强红色文物创意产品开发，打造经典红色文创IP。

追求"情景共生"与"情感共鸣"

数字化信息时代背景下，结合新的媒体传播形式的特点，让红色文创在数字化时代"活起来"，是当前红色文创设计与传播中需要注意的问题。为此，应开拓红色文化传播的新路径。

在文创产品中，"文化"与"产品"是二元互动的关系。消费者在购买红色文创产品的同时，也促使产品中融合的红色元素得到传播，红色文创产品的流通无形中让产品中的红色文化信息得到推广。我们要利用新媒体、新媒介的融合创新，使之成为红色文化传播的助推器，从而有效实现红色文化的多维度、多渠道传播，提升文化的传播力和影响力。

传统的红色文化产品传播方式往往是单向的、自上而下的，渠道单一、互动不足，所以很难实现文化产品推广效果的最大化。数字化时代背景下，新媒体社交网络、网络销售平台、VR/AR技术等全媒体传播方式的全面融合，使得红色

> **拓展阅读**

文化的传播以及相关文创产品的营销，更具有人情味和生活色彩。

抛弃说教味、脸谱化，以细腻丰满的人物刻画、考究的细节还原历史现场，《觉醒年代》这部展现新文化运动、五四运动、中国共产党创建历史进程的电视剧"火出了圈"，从而带动众多年轻人打卡相关旧址和博物馆。"鲁迅说"语录体跨越了"代沟"，再次成为众多新生代年轻人的座右铭。以此为契机，北京鲁迅博物馆以《新青年》和鲁迅先生的作品作为创意，设计开发了一批文创产品，进一步拉近了革命历史与年轻人的距离，带动了大众对新文化运动的热情，收到良好的市场效果。年轻人"一手网上发弹幕，一手线下追文创"，这种线上线下结合的双向互动模式，既是促进文化消费的重要一环，也是深耕红色文化的时代需求。

位于上海望志路106号（今兴业路76号）的树德里是中共一大召开地，也是上海特色石库门建筑的代表。中共一大纪念馆的"一大文创"商店里，百余款以一大元素为主的红色文创产品兼具时尚元素和红色情怀，既应景又实用。文化与科技的结合，赋予了"一大文创"丰富的体验感和更多的应用场景。"树德里1921"AR矿泉水瓶身上，可以"饮水思源扫码学史"，使用手机扫描二维码，中共一大会址大门

拓展阅读

就会在屏幕上缓缓打开，带领大家探索初心之地，共同领略中国共产党梦想起航的地方。

人体感应、虚拟现实等技术也被应用于红色文创产品的开发和传播中。在中共一大旧址旁，一间电话亭吸引了来往行人的目光。走进这里，通过多媒体屏幕，人们能用自信的笑容制作专属明信片，向百年前的先烈汇报当下美好的生活，为党"打call"。如何让情景与情感真正融为一体，让作品与观众、用户、消费者形成共情和共鸣，是给红色文创设计师提出的新命题。

简而言之，数字化时代背景下，红色文创产品更应从贴近实际、贴近生活、贴近群众的原则出发，注重媒体时代交互作用的"参与式"，推动红色文化由单向度传播思维向交互式传播思维转换，利用数字化的双向交流互动，打破原有单向传播方式，增强人们对红色文化的关注度与参与度。红色资源管理机构应该了解受众的兴趣点，有针对性地传播，改进传播方式，更好适应大众的消费习惯，潜移默化地对受众的知、情、意、行产生影响。

26

讲好"古都文化、红色文化、京味文化、创新文化"故事

韩战明

习近平总书记给中国国家博物馆老专家的回信体现了党中央对全国文物和博物馆事业的高度重视、亲切关怀和殷切期望。学习贯彻习近平总书记回信精神,更加坚定了我们首博人坚守初心、开拓进取的信心和决心。

作为首都北京的城市博物馆,首都博物馆始终以"办人民满意的博物馆"为根本出发点,坚持以"品鉴智慧北京、解读灿烂中华、中外文明互鉴"为展览展示主线,让这座蕴藏京城历史文脉的文化殿堂,成为当下社会发展的文明向导和百姓生活的精神家园。

近年来,在习近平总书记关于文博工作的重要讲话和重要指示批示精神指引下,首都博物馆按照北京市委、市政府决策部署,紧

扣北京市核心功能定位，在促进北京市全国文化中心、国际交往中心建设中发挥积极作用。在文化和旅游部、国家文物局指导下，在北京市文物局的直接领导下，首都博物馆在文物保护利用和文化遗产保护传承以及展览展示、社会教育、国际交往等方面取得长足进步。北京文博文物科技保护研究与应用北京市重点实验室在首博设立，文保科技水平稳步提升。近年来，首都博物馆紧抓社会关注热点，服务国家和首都发展大局，策划举办临时展览90余项。2021年推出的"伟大征程——庆祝中国共产党成立100周年"特展、"万年永宝——中国馆藏文物保护成果展"和"秘境：秘鲁安第斯文明探源"展览，不断激发观展热潮。同时，高质量开展中小学生"四个一"工程和"读城"品牌展教活动，扩大了青少年受众群体。

　　进入新时代，首都博物馆在京津冀协同发展战略和北京建设博物馆之城重要契机下，迎来本馆全面改陈提升、东馆建成开放，探索形成总分馆、一馆多址发展模式的全新发展格局。对标习近平总书记的殷殷嘱托和人民对美好生活向往的新期盼，首都博物馆征程漫漫，需踔厉奋发。

　　新时代的首都博物馆将以服务保障首都功能为核心，立足首都"四个中心"城市战略定位，聚焦全国文化中心建设"一核一城三带两区"总体框架，在落实北京市"十四五"时期文物博物馆事业发展规划实践中，讲好北京"古都文化、红色文化、京味文化、创新文化"故事，推动社会主义先进文化、革命文化、中华优秀传统文化在京华大地形成生动实践，取得丰硕成果。

《中国文化报》2022年7月13日第2版

拓展阅读

从博物馆看北京的古韵新风

刘　琼

在传承展示好中华文明优秀成果方面,电视媒体作出了有益探索,推出了一系列聚焦文化遗产内容的精品节目,让收藏在博物馆里的文物、陈列在广阔大地的遗产、书写在典籍里的文字"活"起来。北京卫视推出的文化节目《博物馆之城》就是其中影响力较大的一部作品。创作者从博物馆与城市的角度切入,聚焦北京这座拥有204座博物馆、18座国家一级博物馆的城市,将它称为"一座没有屋顶的博物馆,一座博物馆之城",向观众展现北京"博物馆之城"建设的丰硕成果,彰显古都风韵、时代风貌,既有独特的京味儿,又有开阔生动的当下性,对用电视语言讲好博物馆的故事具有启示意义。

《博物馆之城》采用职业体验的方式,邀请国家文物局原局长、故宫博物院原院长单霁翔,北京广播电视台主持人李杰,中国传媒大学毕业生、复旦大学研究生冯琳组成"博物馆探秘团",深入体验博物馆基层工作,展现文博人不为

怎样让文物活起来

> **拓展阅读**

人知的工作细节，国宝文物前世今生的传奇故事，以及博物馆的历史文化与精神风貌。单霁翔在节目中化身为骑着自行车带大家转悠的"老单"，一个谦虚、幽默、有情怀的专业人士形象跃然荧屏。李杰和冯琳两个博物馆新人，从博物馆的外围工种入手，以新鲜视角观察文博人的工作，提出的很多观点引发了年轻观众的共鸣。三个探秘团团员年龄、专业素养各不相同，可以从不同的基层工作入手，扮演和体验修复师、工程师、标本管理员、陈列设计师、保安等不同的工种、角色。这些基层工作分别对应了博物馆具备的征集、保管、研究、展陈、教育等功能。他们实地体验这些工种角色的职责，与博物馆从业者进行对话、互动，从而带领观众了解博物馆的日常。经由节目的讲述，北京这座博物馆之城第一次全方位多角度地走进社会大众视野，激发了公众对博物馆文化和文化遗产方面旺盛的文化需求，不失为一种文明传承展示的有效方式。

《博物馆之城》在选取展陈内容上也别出心裁。在众多博物馆中，主创团队择取具有代表性和差异性的"案例"，如北京艺术博物馆、首都博物馆、徐悲鸿纪念馆、国家动物博物馆、中国紫檀博物馆等，涵盖了历史类、自然类、人物类、古建类等多种博物馆类型，既体现丰富性、趣味性，又

> **拓展阅读**

体现专业性、知识性以及不断发展的博物馆建设理念，可谓对北京博物馆近年来事业发展水平的集中展示。

节目还注重体现博物馆建设的人文理念。今天的博物馆已从传统的"珍宝馆"单一定位中跳脱出来，成为一所注重历史积淀和当下性结合的社会大学。节目体现了这种变化，在从常识性和时代性角度出发展示博物馆具体收藏的同时，阐释了博物馆的陈列理念、运营模式，关注馆和物、馆和人、人和物的关系。其中，创作者对人的关注，成为节目的一大特色。镜头里活跃在博物馆各个角落的人物，展现出文博界的生动气象，也展现出当代中国普通人的职业素养。

《博物馆之城》受到各界好评，让大众看到了电视媒体对文博知识创新解读和精彩呈现方面的优势。相信随着该节目的成功，将有越来越多优质文博类节目涌现出来，让沉睡的历史和静止的知识活跃起来，让博物馆和博物馆背后的故事走到前台，为大众所知晓、认同和喜爱，使中华优秀传统文化知识润物无声地浸润人心。